Stb

FOSTER PERRY ist ein Lehrer einer neuen Art der Selbstheilung – *Hummingbird Healing Work* (Kolibri-Heilungsarbeit) –, bei der Seelentherapie und die heilende Wirkung von Klang, Bewegung und Körperarbeit eingesetzt werden. Er ist ein Absolvent der Georgetown University und Autor des Buchs *Der Pfad des Kolibris*, das ebenfalls im Schirner Verlag erschien. Seine internationalen Workshops haben ihn in mehr als zwanzig Länder geführt, und er leitet Medizinreisen zu alten heiligen Stätten auf der ganzen Welt. Foster ist der Präsident der Hummingbird Foundation mit Sitz in Santa Fe, New Mexico, und Büros in London und Brasilien. Mit seiner Partnerin Eugenia Lyras plant er einen spirituellen Zufluchtsort und ein Thermalbad für die Ausbildung in den heilenden und spirituellen Künsten in New Mexico.

Dieses Buch schildert FOSTER PERRYS Reisen in verschiedene schamanische Welten, auf denen er große Visionen erhält, aber auch mit seinen eigenen Verletzungen konfrontiert wird. Der Leser bekommt einen Eindruck dessen, was möglich ist, wenn wir lernen, unser Ego zu überwinden und eins mit der großen Kraft der Natur zu werden.

Foster Perry

Im Wald der Wandlung

Schamanische Reisen im Amazonas

Aus dem Amerikanischen

von Dr. Ing. Verena Moser

Schirner Taschenbuch

Titel der Originalausgabe:
The Violet Forest

Published by Arrangement with Inner Traditions International
LTD., Rochester, VT USA

Dieses Werk wurde vermittelt durch die Literarische Agentur
Thomas Schlück GmbH, 30827 Garbsen.

ISBN 3-89767-455-6

1. Auflage

Umschlaggestaltung: Murat Karaçay
Satz: Elke Truckses
Herstellung: Reyhani Druck und Verlag, Darmstadt

www.schirner.com

Inhaltsverzeichnis

Für meinen Vater
und die Jungfrau Sophia

Zu Ehren von Eugenia Lyras und der
Verwirklichung unseres Traums

Wer nach der Weisheit greift,
dem ist sie ein Lebensbaum,
wer sie festhält, ist glücklich zu preisen.
Wohl dem Mann,
der über Weisheit und Verständnis
nachsinnt,
der sein Nest in ihrem Laub baut
und in ihren Zweigen die Nacht verbringt,
der seine Familie in ihrem Schatten labt
und im Schutze ihres Hauses wohnt.
In ihrer Herrlichkeit baut er sein Haus.

– Aus den Büchern der Weisheit und der Sprichwörter –

Danksagung

Dieses Buch ist das abschließende Ergebnis einer persönlichen Reise, auf die viele Menschen Einfluß genommen haben, denen ich sehr dankbar bin: Eugenia Lyras, meiner Partnerin in der Hummingbird Foundation, der dieses Buch gewidmet ist, Gerry und Barbara Clow für Ermutigung, Lektorat und Zuflucht, Dawn Eagle Woman und Bryan White, die während vieler dieser Ereignisse an meiner Seite waren, Nirvan Hope, meiner Assistentin.

Während dieser Reise haben mich die folgenden Personen viel gelehrt: Die inzwischen verstorbene Dr. Hazel Parvells, Sondra Ray und ebenso Dr. Ravi Ponniah, Dr. Linda Lancaster, Jeremy (Yakov) Scherr, Carlos Cesar de Paula, Dori und Merit Bennett, Donal Fortune und seine Familie in Irland, Carminha und Ian Levy und die Angestellten von Paz Geia, Zulma Reyo, Dolores und alle Angestellten von Alquimia in São Paulo, Humberto und Christina Moller und die Angestellten von Arco-Iris in Rio de Janeiro, Samvara Boedwig und unsere gemeinsamen Freunde in Alto Paraiso, Upanishad Kessler und Sampati, Maria do Rocio Rocha (Pookie) und meine Freunde in Curitiba, Wanda Czarlinski, Kathy Havens, Junior in Belo Horizonte, Sandra Garabedian, Dina Venancio und die Angestellten von Editora Ground, Fernanda Freire, Miranda und Christina, Vera Maluf und Familie, Stellarius (Graciela Iriondo) in Buenos Aires, Diana Robert, Rosemary Khelifa, Sue Tait in England und Irland, Krystyna Czwartosz-Jascyk und ihr Mann in Polen, Breda Bisjak und ihre Familie in Slowenien, Madeleine Czigler in Paris, Christine Laschkolnig in Österreich, Kendall und

Tony Turner, Kane Tobal, Lynne Ryan, Helen Escoffier und ihre Eltern, Gail Axelrod, Skip Cowles, Sandy Satterwhite, Kathy Missell, Elaine, Allen, Joan Dwyer, Raghu Markus und K.D. Kagel bei Triloka Records, Andrei Codrescu und die Filmcrew von *Road Scholar*, Kevin und Gary Bobolsky, Angel Pine und Nilo Lucas, Ingmari Lamy in Schweden, Augustine Guzman in Peru, Sumeet Bali in Indien, Usha, Luke Gatto und mein innerer Lehrer Chiron.

Meine besondere Anerkennung und mein Dank gelten den vielen Klienten, Kollegen und Freunden, von denen ich über die Jahre so viel gelernt habe, weil sie ihre Heilungsreisen offenherzig mit mir geteilt haben. Zum Schluß möchte ich meine tiefe Liebe für den Geist des Kolibris ausdrücken, der im Angelpunkt des Universellen Baums sitzt und diese Worte führt und leitet.

Einleitung

In den letzten fünf Jahren bin ich um die Welt gereist und habe, mit Hilfe meines Geistes und mit viel Gefühl, die hier erzählten Ereignisse aufgezeichnet. Eine unsichtbare Hand hat mich mit großer Zärtlichkeit durch viele schwierige Übergänge geleitet. *Im Wald der Wandlung* ist ein mythopoetischer Bericht dieser Reisen und mein Versuch, die spirituelle Hand zu verstehen, die uns führt, wenn wir in das Unbekannte eintreten und gezwungen werden, unsere alte Denk- und Lebensweise aufzugeben. Auf der äußeren Reise durch den Amazonasdschungel, die ich in diesem Buch beschrieben habe, war die begleitende innere Reise viel wichtiger, um meinen Platz in der Welt und ein Zuhause zu finden. Nichts konnte mich auf die Wildnis des Amazonas, die Ayahuasca-Reisen in Peru, die Leidenschaft von Brasilien oder die überwältigende Natur meiner eigenen Läuterung durch den Geist vorbereiten. Ich wollte durch Reisen initiiert werden und verstehen, warum zweitausend Jahre lang Pilger zur Einweihung nach Eleusis in Griechenland gekommen sind. Ein wesentlicher Bestandteil meiner Reise war es, mich meinem inneren Daimon* zu stellen und zu erfahren, was jene alte griechische Seele erinnerte.

Seit der Kindheit ist die Dunkelheit des Waldes meine Zuflucht gewesen. Erst als ich mich allein und im Schatten der Bäume meinen Ängsten stellte, fühlte ich mich ermächtigt und bereit, den Schwierigkeiten des Lebens

* Anm. d. Übers.: Griech.: Dämon

gegenüberzutreten. Der Wald der Wandlung* ist eine Welt der Vorstellungskraft und ein Ort der Berufung und der Heilung. In meiner Interpretation ist der Wald violett, weil wir im Leben erhoben werden, wenn wir uns eine beliebige Erfahrung aneignen. Keine Erfahrung läßt uns so zurück, wie wir vorher waren. Die Farbe Violett ist edel, introvertiert und dennoch mutig in der Kommunikation der Ekstase des Unsichtbaren, der sanften Hand des Göttlichen, die uns anleitet, unsere Erfahrungen mit den Augen der Seele zu sehen.

In diesem Bericht suche ich nach der Schönheit und der stillen Weisheit, die in der Natur wohnen. Ich möchte die Geister des Waldes durch mich sprechen und uns alle zu einem tieferen Verständnis der Herausforderungen des Lebens führen lassen und davon, wie wir uns in den Dienst der Menschheit stellen können. Wir haben von Anfang an am Leben der Bäume teilgenommen. Bäume sorgten für uns und lehrten uns Weisheit. Der Baum ist für Kinder eine andere Welt, ein Ort der Freiheit und der Sicherheit, wo alle ihre Träume wahr werden können. Kinder klettern auf Bäume, sitzen darin, hängen sich an ihre Zweige und bauen darin Baumhäuser. Hier wird die Vorstellungskraft befreit, und Kinder können hier ihre Einsamkeit oder ihren Schmerz heilen.

Die starke Gegenwart des Baums ermöglicht dem Kind, echte Einsamkeit zu fühlen. Ich erinnere mich daran, wie ich dem Baum die Führung überließ und beobachtete, wie er der Welt der Eichhörnchen, Vögel und Insekten Zuflucht gewährte. Es fühlte sich sicher an, mich in die Rundung des Baums zurückzulehnen, den Geruch

* Anm. der Redaktion: Der Autor schreibt im Original vom *Violet Forest* (Violetter Wald). In der Übersetzung wird dieser Begriff ersetzt durch »Wald der Wandlung«, da die Farbe Violett für den Wandel, die Transformation steht.

von Harz wahrzunehmen und das Mysterium um mich herum zu erforschen. Ich mußte zum Wald zurückkehren, um die Schönheit von Äpfeln, Pflaumen, Birnen, Pinienkernen, Haselnüssen und Mandeln wieder für mich zu gewinnen. Ich verstand den griechischen Schriftsteller Nikos Kazantzakis[1], der schrieb: *»Ich sah die Welt als einen Baum, als riesige Pappel, und mich selbst als ein grünes Blatt, das sich mit einem schlanken Stiel an einen Ast hängte.«* Meine Seele war wie eine Eichel, wie der Samen, der wachsen, reifen, sterben und wiedergeboren werden würde.

Der Wald der Wandlung bringt jeden von uns der Gesamtheit der Natur näher, der Empfindsamkeit der natürlichen Rhythmen, den Geheimnissen, die nur ein Baum für ein Kind in der Erinnerung aufbewahren kann. Während meines ganzen Lebens haben Bäume meine Einsamkeit, Angst und mein verletztes Gefühl absorbiert und mir Schutz und Trost gespendet. Die Äste der Birken und Trauerweiden waren alle Häfen für meine Flucht in die Zurückgezogenheit. Ich spürte den Segen der weisen, weit ausgedehnten Äste, die Freundschaft des Johannisbrotbaums, des Wacholders, der Magnolie, Akazie, Eiche, Ulme, Holunderbeere, des Trompetenbaums und der Stechpalme. In der Krone eines Baumes wurde ich zu einem Kind der Erde, das zum Himmel blickte. Ich kann Bäume nicht nur einfach betrachten, ich muß mich in sie einfühlen, meine eigene Existenz in ihrer Gelassenheit ordnen. Sie sind Stärke, Langlebigkeit, Herrlichkeit und die Ordnung des Herzens. In Bäumen habe ich festgestellt, daß das Leben eine große Einheit, eine zyklische Ordnung ist, die schafft und zerstört. Weil der Baum Entwicklung und Sterben sowie Geburt und Zerfall umfaßt, habe ich ihn als Symbol für dieses Buch gewählt.

Dieses Buch ist der wilde Wald meiner Erfahrung, die

viele schwierige und rauhe Momente enthält. Ich habe meinen eigenen Schmerz und meine Verwundung durch dieses Buch geheilt, und ich wünsche mir, daß es dem Leser ebenso geht. Nach einem Besuch des Zuhauses meiner Kindheit, bei dem ich feststellen mußte, daß jeder Baum gefällt und das alte Haus meiner Familie zerstört worden war, begann das Schreiben von *Im Wald der Wandlung* wie von selbst. Dies warf mich in meine Vergangenheit und meine Verletztheit als Junge zurück. Die Liebe jenes Waldes hatte meinen schwierigen Übergang vom Jungen zum Mann unterstützt. Diese Erfahrung erinnerte mich wieder an den Mangel an Liebe in meiner Kindheit.

C.G. Jung sagt, daß Liebe die Abwesenheit von Macht ist. Ich habe mein bisheriges Leben damit verbracht, nach Macht in der Willenskraft und im Erreichen von Ambitionen zu suchen. Ich habe erkannt, daß das alleinige Streben, das dieser Suche zugrunde liegt, darin besteht, Liebe von einer Person, einer Sache und der Natur zu erhalten und eigensinnig Liebe zu sehen, auch wenn sie nicht gegenwärtig ist. Ich habe mit einem Feind, einem Bösen gekämpft, um sein Gegenteil kennenzulernen und meinen Verstand von der Dualität zu befreien. Ich habe mit Liebe gerungen, um den Unterschied zwischen Narzißmus und Nihilismus zu erkennen und Liebe losgelöst und an sich auszudrücken. Eine großartige Lektion des Lebens besteht darin, Liebe ungeachtet des Geschehens zu geben.

Da ist eine Hand, die sich in einem Traum über einen Abgrund ausstreckt, und wir müssen diese Hand ergreifen. Es gibt Leiden, Angst und Zittern, bevor etwas Neues in unser Leben treten kann, oder vor dem Moment des Todes. Die meisten Sterbenden werden während ihres Sterbens jedoch mitleidsvoll, fürsorglich und zeigen keine Spur von Selbstsucht mehr. Eines Tages wissen wir einfach, daß alles in Ordnung kommen wird, und wir vertrauen, erleben einen Moment des Loslassens und treten in die Realität ein.

Leben, das Tiefe Weibliche und das Tiefe Männliche, ist ein Abgrund. Dieser Abgrund hat keinen Boden. Stürze dich, springe, fliege, begebe und tauche dich in diesen Teich. Erschaffe dir für eine Zeitlang deine eigene Erdung, denn Erdung ist vorübergehend, flüchtig und unbeständig. Mache es zu deiner Praxis, dich von deinem Bewußtsein von Tag zu Tag leiten zu lassen. Es gibt keine richtige Art, um Verbindung zwischen Wesen oder Verbundenheit mit allem zu spüren. Finde einen Weg, der dir liegt, und verpflichte dich ihm mit Beherztheit und mit Genie, und bleibe bei dem Leeren und Sammeln des Selbst wie den Phasen des Mondes. *Wir sind alle auf dem richtigen Kurs.* Der nächste Schritt präsentiert sich immer von selbst.

Stehe an der Kreuzung und werde still im Zentrum des Lärms. Sei in der Dunkelheit des Amazonas und werde zu einer Kerze. Stehe in der Mitte der Einsamkeit, wenn Tränen und Lachen das gleiche sind, und fühle den Einen, den du kennst, in dir. Es kommt ein Moment im Leben, wenn alle deine alten Ideen und Konzepte nicht mehr länger gültig oder wirklich sind: Sie werden millionenfach zerschlagen, und du sagst einfach: »Ich weiß nicht.« Das ist ein großartiger Moment der Erkundung deines Selbst, wenn du auf das Neue wartest. Du wirst an diesem Punkt zum Gegenstand deiner Suche. Du bist das. Sichtbar und unsichtbar. Innen und außen. Dies und das. Ich und du. Atman ist Brahman.

Akzeptiere, Sohn oder Tochter einer Frau und ebenso Sohn oder Tochter des Gottes oder der Göttin zu sein. Lebe in beiden Welten. Setze deine Füße in beide Wirklichkeiten, werde praktisch, suche dir eine Praxis, baue dir eine

Gemeinschaft Gleichgesinnter auf, die dir helfen, auf deinem Weg zu bleiben, und tauche tief in die Stille und das Kein-Selbst ein. Nimm dir jeden Tag Zeit für Stille, für Aufmerksamkeit, für Kein-Verstand, für Entspannung – um die Vorstellung des Selbst loszulassen –, und gehe dann in die Welt. Der Spiegel der Welt wird die Prüfungen und die Schönheit, die du brauchst, auf dich projizieren. Es gibt eine Zeit zum Arbeiten und eine Zeit zur Besinnung. Buddha verglich das Leben mit einer Brücke. Baue dein Haus nicht auf einer Brücke. Das Zuhause ist nicht in der Vergangenheit. Es ist das, worauf du zustrebst. Es ist das, was du schließlich verkörperst. Achtsamkeit, Aufmerksamkeit für das innere Selbst und die inneren Klänge des Körpers in der Meditation sind Wege, um still zu werden und das Zuhause zu finden. Ein weiterer Weg ist die Stille in der Natur, das Atmen, um den Herzschlag zu beruhigen, und das Entleeren, um eine andere Realität hinter den Fiktionen des Egos zu erfahren. Ein anderer Pfad wiederum ist die Meditation mit offenen Augen, während du dir gleichzeitig deiner inneren und äußeren Umgebungen bewußt bist.

Ich suche nach dem Zuhause im Innern, im Mysterium und in der Realität und in der Fiktion des Innenlebens. Ich bin bei jener Suche Subjekt und Objekt zugleich. Ich bin sie und sie ist nicht ich. Ich bin das Selbst und das Kein-Selbst. In diesem Sinn, durch Erkundung und Infragestellen, kann ich frei sein und die Natur der Liebe erfahren.

Begib dich mit mir auf diese Reise zu einem Wald der Wandlung. Das ist ein Bild meines Zuhauses, meiner Seele und der Seele der Welt. Es ist voller Leben und violett, und es ist der Wald des Körpers, dieser Wald und der Dschungel des Amazonas, dieser innere Dschungel des Malers Henri Rousseau.

Prolog

Chiron und Rousseau

Für Rousseau ist Landschaft weder Häuser noch Berge noch jungfräuliche Wälder - sondern ein Mann, der staunend unter Bäumen wandert.[1]

ROGER SHATTUCK

Als ich mit sieben Jahren durch das Museum für moderne Kunst in New York ging, sah ich ein Bild mit einem leuchtendroten Sofa, das mitten in einem Dschungel stand. Das Gemälde, *Le Rêve* oder *Der Traum*, ist ein Bild von Henri Rousseaus erster Geliebten, die in einem seiner imaginären Dschungel ruht. Nur ein Kind konnte diese Traumrealität verstehen. Ich stand vor dem Bild, als wenn ich einen verlorenen Schatz gefunden hätte - eine neue Art des Sehens. Rousseau erklärte dem Kunstkritiker Andre Salmon: *»Sie sollten nicht überrascht sein, ein Sofa in einem jungfräulichen Wald vorzufinden. Es hat keine weitere Bedeutung als die Sattheit des Rots. Verstehen Sie, das Sofa befindet sich in einem Zimmer, der Rest ist Yadwighas Traum.«*[2] Er erläuterte weiter, daß die einfache Kraft des Traums ihm die Szene diktiert habe. Wie ein Kind sprach er nur von der zwingenden Realität des Traums und malte, was er sah. Ich betrat an diesem Tag eine größere Realität und sah meinen eigenen inneren Traum - den Wald der Möglichkeit in der Seele.

Die Dschungellandschaften und die tropische Flora und Fauna des französischen Malers Henri Rousseau gingen nicht auf seine direkte Erfahrung des Amazonas, sondern auf seine Besuche im Jardin des Plantes in Paris zurück. Er hatte diese exotischen Landschaften nur in Wachträumen bereist. Innerhalb der Rahmen seiner Gemälde haben wilde Tiere und Menschen an der alles absorbierenden Gegenwart der Natur teil.

Roger Shattuck schrieb über den Maler: *»Rousseaus beste Gemälde vermitteln die unheilvolle und verlockende Atmosphäre des Rätsels und formen ein unvergeßliches Bild des Spirituellen in der Kunst ... ein Geheimnis, das zwei tanzende Karnevalgestalten allein im Mondlicht hält, das einen wütenden Löwen in der Wüste über einem schwarzen Zigeuner schweben läßt, das eine Girlande aus Schlangen durch die Musik eines Flötenspielers zähmt.«*[3]

Ich glaube, daß Rousseau seine Gemälde bewohnt, wie ich meine Träume bewohne. Als Kind träumte ich von den brasilianischen Dschungeln und verwandelte den Garten hinter dem Haus mit meinem inneren Auge in einen wilden, dichten Wald. Rousseau verwandelte seine Welt durch seine Malerei. Nach meinem kurzen Besuch im Museum versuchte ich, dasselbe durch meine Träume vom Dschungel zu erreichen.

Als Erwachsener erinnerte mich Rousseau daran, niemals das Vertrauen und die Vorstellungskraft eines Kindes zu verlieren. Ich habe gelernt, meine Empfindsamkeit zu achten und anderen beizubringen, dies ebenfalls zu tun. Mein Traum vom Wald der Wandlung ist die Landschaft meiner eigenen Empfindsamkeit, mit der ich die Welt verändern möchte. Rousseau war aufgrund der Einzigartigkeit seiner Vision und des seiner Kunst innewohnenden Mystizismus mein erster Lehrer.

Ich habe entdeckt, daß es drei Reiche der Existenz gibt. Wir leben dieses Erdenleben im mittleren Reich und sind durch lineare Zeit und dreidimensionalen Raum gebunden. Über uns befindet sich das himmlische Reich, und unter uns das höllische Reich der Unterwelt. Mich im Gleichgewicht durch diese Reiche zu bewegen und die Gegensätze, aus denen der Kosmos aus dem Chaos erschaffen wird, auszugleichen ist mein spirituelles Schicksal. Ich glaube, daß wir beginnen müssen, dieses mittlere Reich als einen Traum zu identifizieren und es wie einen Wachtraum zu formen.

Henri Rousseau hat mir die erste Andeutung davon gegeben, wie man mit dem inneren Auge und dem Herzen sehen kann, noch wichtiger jedoch war, daß ich durch seine Stimme den Wald im Innern hören konnte. Während ich heranwuchs, wurde die Unschuld durch Leiden ersetzt, und meine Suche nach Bedeutung und Akzeptanz kam durch meine Entdeckung von Chiron.

Chiron war ein Zentaur in der griechischen Mythologie: Er war halb Pferd und halb Mensch. Im Gegensatz zu anderen Zentauren, die von Ixion oder Centaurus herabgestiegen waren, war Chiron der Sohn des Titanen Kronos und der Nymphe Philyra und damit ein Unsterblicher. Er unterschied sich außerdem durch seine Natur von den anderen Zentauren. Zentauren waren für ihre ungezügelten Gewohnheiten und ihre ungezähmte Sexualität bekannt, Chiron jedoch war eines der weisesten und gelehrtesten Lebewesen. Einige der größten griechischen Helden wurden als Kinder zu ihrer Unterweisung in seine ferne Höhle am Berg Perion geschickt. Unter seinen Schülern befanden sich Jason, Äskulap, Aktaion und Achilles.

Chiron war für sein Wissen in der Chirurgie und den anderen medizinischen Künsten bekannt. Er war ein weiser Prophet, Lehrer, Musiker und Künstler, der im Bogenschießen, in der Jagd, den Kriegskünsten, Ethik, religiösen Ritualen und Naturwissenschaften bewandert war. Er hatte begonnen, die Himmel kartographisch darzustellen, und man sagt, daß der medizinische Einsatz von Pflanzen auf ihn zurückgeht. Außerdem wird ihm die Erfindung der Flöte und des Speers nachgesagt.

Eine Wandmalerei aus der Basilika des Herkulaneums stellt Chiron bei der Unterweisung von Achilles im Leierspiel dar. Hier ist er ein weiser Pflegevater, der einen mutigen Mann die Musik lehrt. Achilles lernte von Chiron die alten Tugenden: Geringschätzung weltlicher Güter, Schrecken vor Lügen, Sinn für Mäßigkeit und Widerstand gegen schlechte Leidenschaften und Trauer. Ich sehnte mich nach einem Vater, der mein Lehrer sein würde, nach einem Mentor des Kalibers von Chiron: Ich suchte ihn in meiner Psyche und in meinen Träumen.

Jahre nach meiner Entdeckung von Rousseau hatte ich meinen ersten definitiven Traum von Chiron.

Es begann in einem kleinen Schloss in der Nähe von Sainte-Marie-de-la-Mer in Frankreich. Ich bin ein älterer Mann, der mit seinem selbstgewählten Schmerz Frieden schließt, der Patriarch einer bedeutenden französischen Familie mit aristokratischen Ansprüchen in der Mitte des neunzehnten Jahrhunderts. Meine Frau ist an der Cholera gestorben, und mein Herz trauert um sie. Ich möchte nach dem Ableben meiner Frau sterben, und die schmerzhafte Wunde der Einsamkeit treibt mich in die Arme einer Zigeunerin. Ich entscheide mich, mein Bett mit einer Frau zu teilen, die ich nicht heiraten kann, die es liebt, während einer der vielen Feste unserer Familie in ihrem roten Kleid zu tanzen. Ich brauche ihre Kameradschaft, um die Leere meiner Trauer zu füllen, und ich möchte mit ihr schlafen, um einen neuen Durst nach dem Leben zu bekommen.

Diese Zigeunerin spricht in dem Traum über das Trinken eines bitteren Gifts in der Stille eines Waldes. Ich fühle ihre Worte, während sie nach einem Arzt ruft, um mein krankes Selbst zu heilen. Sie ruft nach einem inneren Arzt aus den Tiefen meiner Seele, der mich wiederherstellen kann. Ich habe Gott entsagt und habe keinen klaren Grund zum Leben. Mein Herz ist schwer, hart und mißtrauisch. Ich fürchte, daß die Zigeunerin und alle anderen meine Verwundbarkeit ausnutzen und mich meines Geldes berauben werden, wenn ich keine Liebe und kein Verlangen, zu leben, habe. In dem Traum schlafe ich viele Male mit der Zigeunerin und habe zwei Kinder mit ihr. Ich fühle mich vom Weiblichen betrogen und gebe mich selbst einer Zigeunerin preis, weil ich Gott nicht verzeihen kann, daß er mir meine Frau genommen hat. Ich verzehre mich vor Schuld, weil ich diese unehelichen Kinder habe, für die ich nicht sorgen kann.

In der nächsten Szene bin ich älter, trage mein graues Haar kurz und sitze in einem Boot mit einer Statue der Schwarzen Madonna in den Armen. Ich fühle mich immer noch schuldig, die Kinder der Zigeunerin nicht so sehr wie die meiner Frau geliebt und die Erinnerung an meine Frau nicht in Ehren gehalten zu haben. Ich kann diesen Schmerz nicht Gott hingeben, und meine Wunde läßt keine Heilung zu. Ich weigere mich, die Vergangenheit loszulassen, und bin vor Scham gebeugt. Hunderte von Zigeunern umgeben das Boot als Teil eines Zigeunerfests. Ich stehe aufrecht in der Mitte des Boots und halte die Schwarze Madonna triumphierend hoch, damit alle Zigeuner sie sehen und anbeten können. In diesem Moment verliere ich das Gleichgewicht und falle ungeschickt über Bord ins Meer, während ich die Statue immer noch umklammert halte. Das Meer spielt meinen Augen einen Streich und färbt sich violett, während ich den Tod einlade. Ich weiß, daß die Statue in der Zukunft auf dem Meeresboden gefunden werden wird, aber ich frage mich, ob meine Seele sich von meinem Körper befreien wird. Das letzte Bild, das ich sehe, während ich ertrinke, ist ein Zentaur. Er zeigt mir seine Hufe in der Form des Halbmonds und sagt: »Mare*, Mater**, Mutter, blicke zu Land und Meer.« Er sieht genau wie die Wandmalerei im Herkulaneum aus - robust, wachsam und geduldig. Er hat aus seinem Leiden Mitgefühl gelernt, und während ich in seine Augen blicke, finde ich ein wenig Erleichterung. Der Zentaur legt seine Hand über die Wunde in meinem Herzen, aber es ist vergeblich, weil ich, um geheilt zu werden, zuerst sterben muß. Meine Lungen füllen sich mit Wasser, ich gebe mich dem Tod hin und ertrinke. Ich weiß, daß dies der Arzt ist, der meine Wunden durch seine Berührung heilen kann.

Ich habe seitdem nach dieser sanften, unsichtbaren Hand gesucht, um mich aus einem Abgrund vergrabener Erinnerungen zu holen. Ich weiß, daß ich aus dem Traum erwachen und mich selbst vom Grund des Ozeans retten muß, aus der See meiner Ursprünge, und zurückkehren muß, um ihn zu finden. In späteren Träumen erinnere ich mich daran, mich freiwillig dem Tod zu unterwerfen, aber ich kann die Rückkehr zur Erdmutter und ihrer heilenden Umarmung nicht fühlen. Ich sehe nur die schreckliche Göttin in ihrer abweisenden, zerstörerischen Form. Ein verlorener Teil meiner Seele ging dort in den Tiefen verloren und muß zurückgebracht werden.

Ich suchte in meinem Vater nach dem Zentauren, weil er ein Arzt war. In seinem Mitgefühl für seine Patienten suchte ich nach dem Heiler in mir. Ich erwartete, daß er mich Musik, Jagen und Poesie lehren würde und, wie ich

* A. d. Ü.: Lat.: Meer
** A. d. Ü.: Lat.: Mutter

meinen Instinkten folgen könne. Auf dieser Suche nach einem Vater konnte ich nur meine eigenen Wunden sehen, und meine Erwartungen ihm gegenüber waren unrealistisch.

Als Kind fühlte ich mich von meinen Eltern tief verwundet. Meine Mutter gab ihre Kreativität und ihre Karriere auf, um Kinder aufzuziehen. Mein Vater war abwesend und zutiefst mit seiner Arbeit beschäftigt. Ich fühlte mich allein und suchte in dem Wald hinter unserem Haus im Staat New York Zuflucht. Einmal schlief ich unter einem Mimosenbaum ein und wachte mit der Überzeugung auf, daß die Menschheit mit dem ersten Baum entstanden war und daß die Menschen aussterben werden, wenn der letzte Baum gefällt worden ist. Ich glaubte, daß die Welt im Wasser, im Ozean, begann. Ich kämpfte darum, Frieden mit dem Wasser des Lebens zu schließen, und fürchtete, daß ich in der Großen Mutter oder in den Ängsten meiner eigenen Mutter ertrinken würde. Ich konnte mich weder von meiner eigenen noch von der kollektiven Mutter trennen, um ein separates Selbst zu werden. Die Bäume halfen mir, aufrecht zu stehen, um das Wunder des Lebens in mich einzulassen, ohne überwältigt oder überschwemmt zu werden.

Chiron wurde in den Träumen meiner Jugendzeit zu einer imaginären Präsenz, die mich drängte, mich nicht über das menschliche Leben und meinen menschlichen Vater zu stellen, sondern sie zu umarmen. Chiron riet mir eindringlich, Mitgefühl mit meinem eigenen vernachlässigten Leiden zu haben und mir meiner Sterblichkeit bewußt zu sein. Ich konnte meine wahre Verantwortung gegenüber anderen Menschen, meinen Charakter und meine Berufung nur entdecken, indem ich mich dieser Verwundung durch meinen Vater stellte.

Chiron selbst wurde verwundet, als der Held Herkules

von den Zentauren zum Abendessen eingeladen war. Während der Mahlzeit brach ein Streit aus, und Herkules kämpfte mit den Zentauren. In der darauf folgenden Verwirrung wurde Chiron von einem Pfeil ins Bein getroffen. Die Wunde, die ihm von Herkules, einem früheren Freund, zugefügt wurde, konnte nicht behandelt werden und war unerträglich. Er litt für den Rest seines unsterblichen Lebens darunter. Chiron stellt einen Kampf zwischen unseren beiden Hälften dar: der unteren, abgelehnten Tiernatur und der menschlichen Natur. Seine Wunde ist die über Zeitalter erfolgte Unterdrückung und Verfolgung unseres instinktiven Selbst. Das einzigartige Schicksal von Chiron gibt uns Hoffnung für die Heilung unserer eigenen Wunden.

Vor Chirons Geburt als Sohn von Kronos (Saturn) und der Nymphe Philyra, schützte sich seine Mutter, indem sie sich in eine Stute verwandelte, um den Blicken des Kronos zu entfliehen. Er suchte in Thessalien nach seinem Baby Zeus, das seine Frau Rhea versteckt hatte, damit es nicht von seinem Vater verschlungen wurde. Kronos verfolgte Philyra, verwandelte sich selbst in ein Pferd und paarte sich mit ihr. Chiron wurde mit dem Körper und den Beinen eines Pferds und dem Rumpf und den Armen eines Mannes geboren. Nach seiner Geburt flehte seine Mutter, die seinen Körper verabscheute, in etwas anderes als eine Stute verwandelt zu werden. Die Götter verwandelten sie in eine Linde, und Chiron blieb sich selbst überlassen.

Apollo fand das Kind und wurde sein Pflegevater. Er brachte ihm zahlreiche Fertigkeiten bei.

Chirons Geburt ist bedeutsam, weil er gezeugt wurde, während seine Eltern sich in Tiere, in reinen Instinkt, verwandelt hatten. Chiron verzehrte sich vor Selbstablehnung, weil ihn seine Mutter, die ihre eigene Instinktnatur ablehnte, verschmäht hatte. Die negative, abweisende Mutter, zusammen mit dem abwesenden Vater, zwang Chiron schon in einem sehr jungen Alter zu einem Schicksal als Außenseiter der Gesellschaft. Er mußte sich seinen Gefühlen des Verlassenseins und seiner Trennung sowohl von Mutter als auch von Vater stellen, um seinen vorgezeichneten Weg als Lehrer und Arzt zu finden.

Chiron wurde von einem sehr zivilisierten Pflegevater aufgezogen, Apollo, dem Gott der Musik, Prophezeiung, Poesie und Heilung. Apollos Vernunft und Bildung waren die Antithese der Instinktnatur von Chiron als einem Zentauren. Mit Apollo als Mentor war Chiron gezwungen, seine ungezügelte Triebhaftigkeit zugunsten von Kultur, Ordnung, Kreativität und apollonischen Idealen aufzugeben.

Chiron wurde durch den Tausch der Schicksale mit Prometheus von seinem Leiden erlöst. Prometheus war von Zeus für die Ewigkeit an einen Felsen gekettet worden. Dies war seine Strafe dafür, die Götter verspottet und das Feuer gestohlen zu haben. Prometheus hatte ihnen getrotzt, wie wir es alle tun müssen, um einen Teil unseres individuellen Selbst aus dem Unbewußten zurückzuholen. Er stahl das Feuer der Götter, um das Licht des Bewußtseins in die Dunkelheit der Menschheit zu bringen. Er war ein Pionier, der nicht nur von den Göttern stahl, sondern auch lernen mußte, sie mit Demut zu achten. Zeus ordnete an, daß Prometheus nur von seiner Strafe erlöst werden könne, wenn ein Unsterblicher einwilligte, seinen Platz einzunehmen. Chiron meldete sich freiwillig und gab seine Unsterblichkeit auf. Nach seinem Tod folgte seine Auferstehung als Sternbild Centaurus (für den Schützen), und Prometheus wurde unter der Bedingung freigelassen, daß er immer einen Ring und eine Krone aus Weidenblättern tragen würde. Dadurch sollte

Prometheus Demut lernen: Der Ring sollte ihn an die Vergangenheit erinnern, und die Weide war ein Tribut an Chirons Tod zu seiner Erlösung. Prometheus erhielt durch Chirons Opfer seine Freiheit. Und Chiron wurde geheilt, indem er sich in die Unterwelt zurückzog und sich seiner Sterblichkeit stellte.

1977 wurde der Planetoid Chiron vom Hale-Observatorium in Kalifornien entdeckt. Die Entdeckung eines neuen äußeren Planeten ist ein wichtiges Ereignis für Astronomen und Astrologen und leitet ein neues archetypisches Muster, ein Gesicht des göttlichen Wirkens in der kollektiven Psyche ein. Chirons Position zwischen Saturn und Uranus symbolisiert die Form und Tradition der Gesellschaft - saturnischer Konservatismus und Struktur - und auf der anderen Seite den Wunsch, im Namen der Freiheit gegen Struktur zu rebellieren und sie zu zerstören - uranische Individualität und Fortschritt. Chiron stellte als Gleichgewicht zwischen den beiden eine Lösung für mich dar: Auf der einen Seite rief er meine Seele dazu auf, soziale Verantwortung zu übernehmen und mir meiner Grenzen, meines Bedürfnisses, ein Opfer oder ein Täter zu sein, und meiner Tendenz, andere als Heiler zu retten, bewußt zu werden. Aber Chiron bekräftigte ebenso meine persönliche Verpflichtung gegenüber meinem eigenen Wachstum und der Bewahrung meiner Seele und meiner Identität.

Ich entdeckte, daß Chiron als Archetyp des verwundeten Heilers mich darauf vorbereitete, mich meinem eigenen Leiden zu stellen und es nicht durch Groll und Neid auf andere zu projizieren. Mein eigenes Leiden anzunehmen leitete meine Heilungsreise ein. Es verwurzelte mich in der Erde und mit dem geteilten Leid anderer Menschen und drängte mich, meine Individualität durch den Dienst an anderen zu erfüllen. Ich konnte in mir selbst nicht vollständig sein, bevor ich nicht meine eigene Verwundung akzeptiert hatte - erst dann konnte ich die Verletzung anderer Menschen annehmen.

Also machte ich mich auf die Suche danach, durch meine äußeren Erfahrungen in der Welt Sinn zu finden. Ich wollte die Gemälde von Rousseau verwirklichen und in den Dschungel, zu meiner Instinktnatur zurückkehren. Ich wollte Pferde reiten und eins mit ihnen sein, anstatt sie zu mißhandeln und abzulehnen, weil ich fürchtete meine eigene Macht zu verlieren. Ich wünschte mir, mich von der Versammlung der Götter (der Gesellschaft) loszureißen, wie Prometheus, als er das Feuer stahl, und wollte meinen eigenen inneren Lehrer und meine eigene Autorität finden. Ich suchte buchstäblich im Wald der Wandlung meiner Träume nach meinem Vater: Ich reiste tatsächlich zum Amazonas, um meine Beziehung zu ihm zu heilen. Was bedeutet es, ein Mann, ein Vater zu sein und dem Vatergott gegenüberzutreten? Diese Suche nach Ganzheit führte mich zu einem spirituellen Vater namens Tserete, zu seinem Stamm und zum chirotischen* Zentrum Brasiliens.

* A. d. Ü.: zu Chiron gehörend

Im Wald der Wandlung

Kapitel 1

Die Xavante-Indianer

José Luis Tserete ist ein wilder Kriegerhäuptling vom Stamm der Xavante-Indianer in Matto Grosso in Brasilien. Der ursprüngliche Name der Xavante lautet *Auweuptabi.* Ich traf Tserete 1993 in Rio de Janeiro, und er erklärte mir damals: »Mein Kampf ist unsichtbar. Es ist ein spiritueller Kampf.« Er ist ein stolzer und väterlicher Mann und außerdem ein guter Redner, der jeden Tag bei Sonnenuntergang zu den 130 Menschen seines Stammes spricht, bevor die Tänze beginnen. Dadurch drückt er seine Ehrerbietung gegenüber seinem Land, seiner Heimat und seinem Überleben aus.

Vor 50 Jahren zählte sein Stamm 100.000 Menschen. Damals kauften multinationale Konzerne das Land der Xavante, dessen Größe ungefähr der der Niederlande entspricht. 1952 flogen diese Konzerne laut Tserete mit Pokken verseuchte Kleidungsstücke in die Dörfer der Xavante. Tausende von Indianern starben, sogar die stolzen Xavante-Krieger. Die Xavante wurden durch die Pocken beinahe ausgerottet. Die niedergeschlagenen Überlebenden, dic sich ohne ihr Volk verloren fühlten, überquerten den Fluß des Todes (so heißt dieser Fluß tatsächlich) und trafen auf der anderen Seite auf einen Priester. Die Mission dieses Mannes bestand darin, die Indianer zu unterrichten, und viele konvertierten zum katholischen Glauben. Später mißbrauchte dieser Priester seine Macht, dies zeigte sich in sexuellen Vergehen und seinem Zwang, die Indianer zum Katholizismus bekehren zu müssen.

Obwohl Tserete dieses Unheil überlebte, konnte er 15

Jahre lang durch den Schmerz in seinem Herzen nicht richtig essen. Er wünschte sich, daß sein Stamm wieder auf 100.000 Menschen anwuchs. Er spürt immer noch diese Wut und führt seinen unsichtbaren Krieg weiter. Tserete hat sich entschlossen, die alten Stammesweisen und die Bräuche seiner Kindheit und des ersten Dorfs wieder zum Leben zu erwecken. Er erklärte mir, daß nur noch eine Xavante-Indianerin lebt, die weiß, wie man Tontöpfe auf die alte Art herstellt. Diese Fertigkeit wird mit ihr untergehen, wenn sie nicht weitergegeben wird. Es gibt jetzt nur noch 130 Menschen im Dorf San Felipe bei Campinapolis.

Tserete zeigte mir den heiligen See, in dem niemals jemand schwimmt. Es ist ein Ort des Entstehens, der eine unverdorbene und türkisfarbene Schönheit besitzt. Neben dem See befindet sich die heilige Höhle seines Volks, wo in alten Zeiten Picknicks veranstaltet wurden und einige Xavante sich tief in die Erde begaben. Dort sprachen die Xavante mit den Menschen der inneren Stadt unter der Höhle. Sie trafen auf fortgeschrittene Lehrer, die ihnen zeigten, wie man Wurzeln, Kräuter und Pflanzen sammelt und wie man die Sterne versteht.

Der Häuptling gab mir drei Pflanzen. Eine davon war eine Wurzel namens *Uhotetepa*, die Krebs, Geschwüre, Wunden und Rückenschmerzen heilt. Eine andere Wurzel wird *Watopiri* genannt und heilt Aids. Er zeigte mir, wie man diese Wurzel pflegt und wie ich sie in den USA wieder einpflanzen konnte. Die dritte Wurzel ist ein Beschützer. Sie wird *Iwaipo* genannt und an der Seite viermal leicht eingeschnitten. Tseretc erklärte mir, daß die Wurzel mit dem Regen und mit den Sternen verbunden ist.

Diese Wurzeln sind meine Geschenke. Sie geben mir den Beistand der Erde und ein starkes Fundament.

Außerdem wickelte er eine dünne Kordel aus Schlingpflanzen um meine Hand- und Fußgelenke, um mich vor Krankheiten zu schützen.

Ich traf Tserete in einem winzigen Apartment in der Nähe der *Favelas* (Slums, die von korrupten Polizisten und Drogenkönigen beherrscht werden), nachdem ein riesiger Sturm über Rio de Janeiro niedergegangen war, der Bäume entwurzelt, die Gewalttätigkeit aus der Luft gewaschen und den Himmel über der Stadt mit sieben Regenbögen geschmückt hatte.

Als ich Tserete lächelnd und königlich in der offenen Tür stehen sah, spürte ich, daß eine wichtige Zusammenkunft bevorstand. Wir beide hatten die gleiche spirituelle Energie gemeinsam. Anders kann ich unseren Austausch nicht beschreiben. Ich sang ein altes Willkommenslied für ihn. Er wies mich an, mich hinzulegen, und führte dann seine Handfläche über meinen Bauch, während er die Kraft des Blutes und der heilenden Wärme erweckte. Ich fühlte, wie ein Schauer des Segens durch meinen Körper lief und meine Seele sich erweiterte. Ich war zu Hause. Er kniete neben mir nieder und teilte seine Lebenskraft mit mir, von Schamane zu Schamane, in Bescheidenheit und mit Respekt für das Geschenk des Geistes. Er sang in der Sprache der Xavante mit einem tiefen, dunklen Ton aus dem Bauch, der zielgerichtet, stark und furchtlos war. Ich fühlte meine Angst schwinden, und es blieben Liebe zu seiner Seele und seinem Stamm sowie Ehrfurcht vor meinem und seinem Körper zurück.

Er erzählte mir von einem Traum: Er war in seinem Haus im Wald, einem großen Rundhaus aus Stroh, und träumte von einem indianischen Mann, oder einem Mann, der einen Teil indianisches Blut hatte und zum Teil Weißer war, das konnte er nicht genau sagen, er wußte nur, daß dieser Mann kein gespaltenes Herz hatte. Er hatte mich in diesem Traum gesehen und kannte meine Arbeit. Er war nach Rio gekommen, um mich zu finden. Er sah auch, daß ich seinem Stamm helfen und ihn in die USA bringen würde. Nordamerika ist für die Xavante sehr weit entfernt, und sie betrachten es als ein Land der Verheißung und des Reichtums. Er wußte wenig über die Realität der Vereinigten Staaten und die Not der nordamerikanischen Indianer. Wir hielten unsere Zusammenkunft unter dem Himmel der Regenbogenkrieger ab und vereinbarten ein Datum für meine Ankunft in Matto Grosso.

Nach der Dezimierung seines Stamms durch die amerikanischen Konzerne würde mein friedlicher Besuch in ihrem Dorf von symbolischer Bedeutung sein - eine Versöhnung nach einem alten Krieg. Für sie war ich ein Sinnbild eines neuen, besseren Landes. Er wollte, daß ich die Stadt verließ und mich mit seiner Reservation vertraut machte. Ich begab mich auf die Reise.

Die Fahrt zur Reservation dauerte drei lange Tage. Ich fuhr mit meinem Freund Humberto, meinem Dolmetscher für die Reise, und meinem Fahrer Bruno in einem großen Toyota mit Vierradantrieb los. Die Sonne brannte heiß und dunstig, die Straßen waren mit Löchern übersät, und wir hatten endlose Stunden Zeit, über die Bedeutung der Reise nachzudenken. Wir kamen an Prostituierten auf der Straße vorbei, die darauf warteten, die Lastwagenfahrer zu verführen. Sie kamen aus den kleinen Dörfern und hatten Familien, brauchten aber zusätzliches Geld. Sie verkleideten sich mit bunten Perücken. Wir sahen endlose Reihen von *Eros*-Hotels und *Chuchascarias* oder Fleischhäusern an der Straße. Trotz dieser Ablenkungen fühlte ich eine Verbindung zum Xavante-Land, die wie eine unsichtbare Silberschnur war und mich der Reservation näher brachte. Von der Reise erschöpft, kam ich in Campinapolis an und brannte darauf, Tseretes Gesicht zu sehen - wie ein verlorener Sohn, der sich nach seinem Vater sehnt. Wir konnten ihn jedoch nirgendwo finden. Wir fragten in der Stadt nach ihm, aber niemand wußte, wo er sich aufhielt. Wir hatten unser Rendezvous um einen Tag verpaßt. Wo lebte er? In der San-Juan-Reservation? Humberto erhielt eine Wegbeschreibung, und Bruno brachte uns direkt zu dem Stamm, ohne daß wir uns vorher an Tserete gewandt hatten. Das war unser erster Fehler.

Es war unhöflich, ihn nicht zuerst zu treffen. Das wurde mir zu spät klar. Wir fuhren unter einem riesigen Baldachin aus Bäumen bis zum Ufer eines Flusses, an dem ein großer umgestürzter Baumstamm die beiden Uferseiten verband. Der Baumstamm war breit und stellte die Brücke von unserer Welt zu ihrer Welt dar. Ich stieg aus dem Auto, zog meine Schuhe aus und begab mich auf die Baumbrücke. Auf der anderen Seite standen fünfzig strahlende, muskulöse, mit Schlamm bedeckte und neugierige Jugendliche der Xavante. Sie hatten vierundzwanzig Stunden lang mit ihren rotbemalten Körpern auf mich gewartet, um mit den Zeremonien für meinen Willkommensgruß zu beginnen. Ich kannte sie und ihre inneren Namen irgendwie. Was machte ich in ihrer Welt, die so fremd und doch so vertraut war? Tserete wartete immer noch in der Stadt auf mich. Ich schickte Humberto los, um ihn zu finden - ein weiterer Fehler. Um meine Achtung zu zeigen, hätte ich in die Stadt gehen und ihn selber suchen sollen. Ich saß in dem Dorf, wo Kinder mit aschfahlen Gesichtern mit meinen Kleidern spielten, und sprach mit zwei Menschen, die ich aus Rio kannte.

Paul und Deborah waren zu dem einen meiner Workshops gekommen, bei dem Tserete an meiner Seite arbeitete und seine tiefen Heilungen vollbrachte. Er hatte Paul und Deborah gebeten, sich uns anzuschließen. Als ich sie bei meiner Ankunft begrüßte, waren sie jedoch niedergeschlagen und nicht in ihrer üblichen guten Stimmung. Sie erzählten mir von *Sarna*, einer Krankheit, die über Hundehaare übertragen wird, und wie Hunde hier mißhandelt wurden. Außerdem berichteten sie, daß die Frauen als zweitrangig angesehen wurden und daß man das Wasser nicht trinken konnte. Die Xavante teilten ihre Hütten mit Hähnen und anderen Tieren, und viele Familienmitglieder lebten auf engem Raum ohne sanitäre Anlagen zusammen. Westler glauben oft, daß die »edlen Wilden« in unverdorbener Unschuld leben. Ich hatte zu viel Zeit in nordamerikanischen Reservationen verbracht, um solche Illusionen zu haben.

Schließlich kam Tserete bestürzt und in seinem Stolz verletzt an. Ich bat um Verzeihung und gab ihm, in der Hoffnung, die Götter zu besänftigen, sofort meine Geschenke. Er verhielt sich menschlich und großzügig und vergab uns nach kurzer Zeit mit einer Handbewegung und einigen Äußerungen. Unser Verhältnis stand wieder auf sicheren Füßen.

Wir tanzten mit dem ganzen Stamm den Kreistanz: Bruno, ich selbst, Humberto, Paul und Deborah. Die Frauen sprangen mit beiden Füßen vor und zurück, die Männer sprangen mit den Füßen zusammen und dann wieder auseinander. Die Lieder waren tief und kehlig wie das Brüllen eines Bullen. Die Kinder machten sich über uns lustig, wenn wir einen Taktschlag verpaßten und stolperten. Sie neckten uns, ohne uns zu kritisieren. Paul spielte für sie den Clown. Es war eine Feier der Gemeinschaft, des gemeinsamen Überlebens und des Zusammentreffens zweier Welten. Ich war froh dabeizusein.

Ich war der Ehrengast der Feierlichkeiten. Bei Sonnenuntergang mußte ich wie ein Redner im römischen Senat zu dem ganzen Stamm sprechen. Alle saßen auf getrockneten Palmwedeln auf der nackten Erde. Die Gesichter der Indianer erzählten von ihrer harten Arbeit und ihrer Achtung vor Tserete, gemischt mit einer milden Unbekümmertheit. Sie fühlten, wie sich mein Herz erweiterte, um ihre Gefühle und Schmerzen in der gemeinsamen Sprache der Sorge, des Leidens und der Schönheit aufzunehmen. Ich erzählte ihnen, daß mein Pfad der Weg der Schönheit war, ein Weg des Blütenstaubs, ein Weg für den Kolibri - oder auf portugiesisch *beija-flor*. Ich beendete meine Rede. Meine Worte waren nicht unbeholfen, doch fühlte ich mich so. Es war Kommunikation ohne Übersetzung. Sie kam von Herzen, dem einzigen Medium für ungesprochene Sprache.

In den Tagen danach aßen wir Reis und Bohnen und spielten Volleyball mit den Kindern. Während Humberto Fußball spielte, ging ich in den Feldern, auf denen Guajave, Mais, Reis, Bananen und Bohnen wuchsen, spazieren. Tserete nahm mich zu der heiligen Höhle und dem Tunnel mit, der zur inneren Erde führte - bevor ein Erdrutsch diese Verbindung zu ihren Lehrern dort unterbrach. Sie sprachen nun mit den Sternen und auf telepathischem Weg mit der Intelligenz der inneren Erde.

Die Höhle war stockdunkel und voller kreischender und dröhnender Obsidian-Fledermäuse. Der Eingang bestand aus einer unermeßlich breiten Öffnung in der Erde und ähnelte einem Ohr. Ich lauschte dem Eisenkristallkern des Planeten, dem Klingen des Trommelfells der Erde. Die Höhle fühlte sich lebendig und wie eine Gebärmutter an. Die Fledermäuse ähnelten winzigen Föten, die darauf warteten, aus diesem Bauch geboren zu werden. Die Höhle hatte den urzeitlichen Geruch nach Fledermauskot, verrottendem Holz und alten Feuern. Sie war so schwarz wie die Schwarze Madonna, die Dunkle Mutter.

Neben der Höhle befand sich der azurfarbene heilige See, in dem niemand schwimmen durfte. Der See verkörperte eine Geschichte, ein Lied von den Ursprüngen der Xavante. Zu der Geschichte gehörten eine Bestie, die Geburt von Zwillingen und ein Tier, das aus dem See stieg. Sie handelte von einer uralten Frau und ihren Nachkommen. Tserete erzählte mir die Schöpfungsgeschichte der Xavante, und ich hatte das Gefühl, daß es meine eigene war.

Der Stamm hatte ein besonderes Kind auserkoren, einen Jungen, der dazu erzogen wurde, eines Tages Häuptling zu werden. Er war ein Sohn von Tserete und einer Frau von den Pleiaden, die ihn besucht hatte. Die Xavante erzählten diese Geschichte, ohne sie auszuschmükken, und das Mysterium verbarg sich in dem Schweigen zwischen den Worten. Der Junge sah normal aus, aber ich konnte sehen, daß er von Tserete auserwählt worden war. Er trug die Last der Zukunft, des Helden, in seinem Blut: teils Gott, teils Mensch, wie wir alle. Die Zeit würde sein Schicksal und das des Stamms enthüllen.

Dies alles waren große Ehren für mich, und ich schätzte sie sehr. Ich kaufte Fleisch für den Stamm, damit alle essen konnten, und Lebensmittel wie Reis und Bohnen, später sogar ein Fahrrad. Tserete brauchte einen Lastwagen, aber ein Lastwagen kostete 35.000 Dollar. Ich gab den Indianern nicht nach, die Geld, mehr Geld und noch einen Lastwagen wollten. Ich mußte lernen, nicht mehr materiell, sondern auf andere Weise zu geben.

Ich spürte ständig die Angst und den Gedanken, benutzt zu werden, die Vorstellung, daß ich der reiche Amerikaner war, der den Stamm finanziell retten würde. Ich mußte lernen, nein zu sagen, Grenzen zu haben, spirituell offen auf die Xavante zuzugehen und mit offenem Herzen zu geben, mit Achtung und ohne Schuldgefühle zu helfen. Ich wollte kein Geld anstelle von Liebe geben. Tatsächlich ging jeder Lastwagen, den sie bekommen hatten, nach einigen Jahren kaputt. Sie hatten zwar einen Mechaniker, wußten jedoch nicht, wie sie ihre kostbaren Lastwagen pflegen sollten. Viele Xavante kamen in der Stadt auf mich zu und fragten mich ernsthaft, ob ich ihnen einen Lastwagen kaufen könnte, ebenso, wie sie nach einem Eis fragen würden.

Das war das Schwierigste. Mir selbst treu zu bleiben und ihnen ihren Stolz und ihren wilden Geist zu lassen und die Frauen des Stammes trotz der patriarchalischen Züge zu ehren. Die Frauen brauchten ihre Autorität und mußten eine stärkere Position bekommen. Ich wußte, daß dies innerhalb ihres Zuhauses geschah, aber ihre Macht mußte langsam aus dem Dunkel der Geheimnisse ans Licht kommen.

In der Zwischenzeit kämpften die Jungen auf rituelle Weise mit Keulen - es härtete sie ab. Die Keulen waren aus harten, rauhen Knochen. Die Kinder bluteten bei diesen Spielen, und die Familien wischten ihnen die Tränen ab. Die Xavante-Männer sind die stärksten Krieger und halten aufgrund ihres trotzigen Willens bis zum Schluß durch. Sie verhalten sich wie überlebensgroße Helden und Machos.

Leider wird der größte Teil Südamerikas von der Machomentalität und dem Herrscher-Virus bestimmt. Es ist immer meine Rolle gewesen, ein Mann und mir gleichzeitig immer des Weiblichen bewußt zu sein. Ich diene der Großen Mutter. Sie gibt uns Stärke und Bescheidenheit, um den Tod als Gefährten zu achten und in der Niederlage zu umarmen. Der Samurai gewinnt immer, weil er vor dem Kampf in seinen Gedanken weder verliert noch gewinnt. Er hängt nicht am Ergebnis des Kampfes, daher gewinnt er immer.

Diese Kinder waren die Bewahrer einer Tradition, unabhängig davon, ob diese falsch oder richtig war. Ich urteilte nicht, sondern war nur Zeuge einer Kultur, die um ihr Überleben kämpft. Diese männliche Stärke war etwas, was mir oftmals in meiner eigenen Erfahrung fehlte. Hier fand ich die Akzeptanz einer tiefen männlichen Tradition. Ich beobachtete, wie die Kinder in der Schule die alten Weisen, die Geschichten und die portugiesische Sprache lernten. Sie wollten sowohl Xavante sein als auch die Welt draußen jenseits des Flusses kennenlernen. Tserete war ihre Brücke und ihre Hoffnung.

Er war ein Häuptling, und das war auch seine Berufung. Er erzählte mir einmal, daß immer, wenn er den Stamm länger als eine oder zwei Wochen verläßt, jemand stirbt – die Verbindung der Seelen ist so dünn, daß der Faden reißt. Er war wie mein Vater, skrupellos und voller Mitgefühl, gab sein Bestes, war aber blind für seine eigenen menschlichen Beschränkungen. Er war der nächste Schritt für seinen Stamm und schaffte ihnen langsam eine neue Zukunft, nachdem sie beinahe den ganzen Stamm verloren hatten. Er mußte eine Quelle der Hoffnung für sie sein.

Ich erfuhr, daß er weit reiste, um die weiße Welt kennenzulernen und Bündnisse zu schaffen. Verträge wurden häufig gebrochen und seiner Ansicht nach war das Funai, das Indianerbüro der Regierung, korrupt oder unfähig. Und obwohl *Ärzte ohne Grenzen* als hilfreiche Gesundheitsorganisation tätig war, wollte Tserete die alten Weisen des Gebets, der Kräuter und der Wurzeln wieder einführen. Er wollte die Sarna-Krankheit nicht mit allopathischer Medizin heilen. Zusammen mit vier anderen Ältesten, die jeweils auf einem bestimmten Gebiet bewandert waren – Sterne, Kräuter, Bäume, Pflanzen, Wurzeln, Heiler der Knochen, Hüter der Lieder usw. –, war er der Schamane des Stamms. Er wollte nicht, daß ihm weiße Ärzte sagten, wie er für seinen Stamm sorgen sollte.

Eines Morgens war ich damit an der Reihe, dem Stamm ein Geschenk der Heilung zu machen. Tserete war zu meinen Workshops in Rio gekommen und hatte Seite an Seite mit mir den Menschen geholfen, sich selbst schamanisch zu heilen. Er sang und zog mit Handbewegungen und Chants Wunden des Herzens aus den Körpern der Menschen. Er arbeitete mit Krebs- und Aidspatienten und gab ihnen Kräuter und Wurzeln, die eine Geistesverbindung zu Erde schafften. Er stellte seine eigene Version der Medizinbündel her und hatte seine eigene Art, die vier Himmelsrichtungen und die Vorfahren zu ehren.

Der Stamm legte zwei Menschen vor mir zur Heilung auf den Boden und bildete dann einen weiten Kreis um uns. Die Xavante waren an schnelle Heilungen gewöhnt. Ich gab ihrer Ungeduld jedoch nicht nach, sondern nahm mir Zeit. Zuerst saß ein Mädchen auf meinem Schoß, das in Gedanken verloren war. Sie brauchte eine Seelenrückholung. Ich erklärte dem Stamm, daß ich ihre Empfängnis, die Identität der Geister, die zu ihr sprachen, und ihr Trauma sah. Sie begann zu husten, während ich mit meinen Tierführern nach ihrer Seele suchte. Dabei mußten mir alle meine Helfer auf den inneren intuitiven Ebenen zur Seite stehen. Als ihre Seele nach dem Auflösen des Traumas vollständig in ihren Körper zurückkehrte, wußte ich, daß ich einen guten Handel mit ihren Vorfahren geschlossen hatte. Ich hatte den Erzengel Michael gebeten, einen alten Fluch aus der Zeit ihrer Empfängnis aufzuheben.

Eine andere Frau hatte ihre Mutter verflucht, während diese schwanger war, offensichtlich, weil sie eifersüchtig und neidisch auf die Empfängnis war. Das kleine Mädchen war ein unfreiwilliges Opfer des Fluchs dieser Frau oder ihrer bewußten negativen Gedanken.

Sie war nach der Heilungsarbeit völlig verändert, als ob sie aus einem langen Traum des Leidens erwacht wäre. Die Atmosphäre im Stamm änderte sich, nachdem ich diese Probe bestanden hatte: Wie das kleine Mädchen begann der ganze Stamm aufzublühen und empfänglich zu werden. Ich sah ihre vergangenen Leben, ihr Leid im letzten Leben und ihren schmerzvollen Tod. All dies wurde nach einem kurzen Gespräch mit ihrer Seele im Wind fortgetragen. Sie brauchte meine vollständige Aufmerksamkeit, damit sie wieder den Wunsch, zu leben, in sich fühlen konnte. Es mußte sich jemand mit tiefer Liebe um sie kümmern, jemand Fremdes, der im Stamm neu war. So konnte sie aus ihrer Phantasievorstellung herauskommen, sich einzigartig und besonders fühlen zu müssen.

Danach folgte sie mir lächelnd durch das Dorf. Ich verstand, daß sie eine Ausgestoßene war, und sah ihren Wert für den Stamm. Nur Tserete hatte dies auch gesehen. Ich war lange genug im Dorf, um ihren langsam wachsenden, unabhängigen Charakter zu ehren. Ich wollte, daß sie als Gegengewicht zu der Stammesgruppenseele ein Ich-Bewußtsein entwickelte. In diesem Stamm wurde jede Person geehrt. Ich fühlte, daß eine der Frauen eine starke Heilerin war, nahm sie an ihrer widerstrebenden Hand mit in die Mitte des Kreises und ließ sie neben mir arbeiten, obwohl sie versuchte, beschämt davonzulaufen.

Die zweite Heilung betraf einen jungen Krieger mit Sarna. Seine Haut hatte die Farbe grauweißer Asche, und seine Augen waren blutunterlaufen wie die eines Hundes. Er bewegte sich langsam und mit wenig Energie, während Insekten über seine offenen Wunden krochen. Sarna ist eine hochgradig ansteckende Krankheit, die durch Tiere übertragen wird, und es war unhygienisch und gefährlich, seine Haut zu berühren. Meine Seele wies mich an, ihn zu berühren, seinen Rücken zu halten und keine Angst zu zeigen. Das war seine Heilung: Ich mußte furchtlos sein und durfte ihm nicht aus dem Weg gehen – ich mußte die Geschichte seines sexuellen Kontakts mit einer Frau am Wasserloch und von seinen Schuldgefühlen und seiner Selbstzurückweisung erzählen. Er hatte ein sexuelles Tabu seines Stammes gebrochen, wovon niemand wußte, er jedoch trug schwer an seiner Scham, seiner Trauer und seiner Selbstverurteilung. Eine Heilung ist eine Heilung des Verstands, eine Besänftigung des Gottes des Verstands, um den Verstand mit Herz und Körper zu versöhnen.

Ich verkündete dem Stamm seine »Sünde«, sein Geheimnis und vergab ihm. Er hatte außerdem die gleichen sexuellen Neigungen wie sein Vater. Er trug die Scham und die Geheimnisse seines Vaters mit sich. Ich spürte einen Schwall subtiler Energie an meinem Rückgrat hochlaufen, während ich an ihm arbeitete: Die Energie der Äther lief durch meine Hände, um ihn zu wärmen. Diese Energie kommt aus der Reinigung der Chakras und erlaubt den Geistern der Weisheit, parallel zum Rückgrat den Körper hochzutanzen. Ich fing an, farbiges Licht und Engel um seinen Körper zu visualisieren, und sah auf einmal die Sarna-Krankheit verschwinden. Die Dunkelheit, die wie Punkte in seinem Aurafeld zu sehen gewesen war, verging vollkommen. Ich fühlte eine Verwandtschaft zu ihm und Achtung. Dies war nicht der Zeitpunkt für ihn, um aufzugeben oder zu sterben. Er wurde anerkannt. Die Erblast seines Karmas war zu Ende. Seine Krankheit war nach drei Tagen geheilt.

Alle im Stamm sahen zufrieden und bewußter aus. Gleichzeitig jedoch hatte ich das Gefühl, das all dies für sie alltäglich war, einfach eine weitere Heilungszeremonie. Ich begann, mich immer weniger fremd zu fühlen, und sah die Gemeinschaft aller Menschen. Nach meinen Morgenheilungen stand der ganze Stamm Schlange, um mich in den Arm zu nehmen. Jeder wollte mich umarmen und über den Dolmetscher hören, was ich zu sagen hatte.

Das ist der Moment, in dem du zu einem Boten der Liebe wirst: Du machst Platz für den Strom und wirst zu einem wilden Kanal des Göttlichen. Ich lasse mich in ein riesiges Energiereservoir fallen, das sich immer mit einer beruhigenden, lindernden Freisetzung von Spannung und Unentschlossenheit durch meine vier Körper bewegt.

Ich hielt an diesem Tag 100 Menschen in meinen Armen, sah das Schicksal jedes einzelnen und, wie jeder seinen Platz in der Ordnung der Dinge hatte. Über die Dolmetscher gab ich jedem eine Botschaft. Ich konnte durch die Augen der Kinder ihre zukünftigen Heiraten und ihr persönliches Schicksal innerhalb des Stammes sehen und mußte es mit ihnen und Tserete besprechen.

Der älteste Mann der Xavante sah mir in die Augen, lud mich in den Stamm ein und legte mir ein aus einer Kletterpflanze gefertigtes Seil um die Handgelenke. Ein Ältester wickelte das Seil fest um meine Hand und verknotete es zu meinem Schutz achtmal auf der Oberseite und danach dreimal auf der Unterseite. Ich erhielt Geschenke - einen Korb, eine Halskette aus Muscheln und Federn - und wurde als eine Art Botschafter in den Stamm aufgenommen. Das war der Anfang eines tieferen Bandes zwischen ihnen und mir.

Am letzten Tag nahmen mich die Männer zu ihrem heiligen Baumhain mit. Die Bäume sahen im Schatten violett aus (Bäume beschatten uns, um unsere Farben zu vertiefen). Wir rauchten dort und sangen, und ich beobachtete, wie sich einige Männer mit Bogen und Pfeilen auf eine Jagd vorbereiteten. Ich fühlte die Männlichkeit des Ortes, die männlichen Initiationen, die auf genau dem Platz stattgefunden hatten, auf dem ich saß. Wir sprachen über unsere Leben, über ihr Vertrauen in mich und über den Zusammenhang meines Besuchs mit ihnen. Ich wollte ihnen helfen, Bananen in Rio zu verkaufen, um der Sarna-Krankheit ein Ende zu machen und ihnen dabei zu helfen, finanziell unabhängig zu werden. Außerdem wollte ich zwei Xavante-Indianer in die Vereinigten Staaten holen, damit sie dort ihre Stammesweisen lehrten. Sie würden ein Festmahl und Tänze über 24 Stunden veranstalten, um mir ihr heiliges Wissen zu übertragen. Ich mußte abreisen, bevor das Fest begann, beobachtete jedoch, wie mir ihr Wissen übertragen wurde: Ich kam mir vor wie ein Tonkrug, der mit frischem Quellwasser gefüllt wird. Tagelang fühlte ich mich wie ein Computer, der Jahrhunderte an Traditionen herunterlädt. Ich konnte kaum aufrecht sitzen, da ich das Gefühl hatte, daß Wasserwellen über meinen Körper liefen und meine Seele anwiesen, stillzuhalten und das Geschenk zu empfangen. Ich kehrte erschöpft und verändert nach Rio zurück. Mein bisheriges Leben war vorbei. Ich hatte den Fluß überquert. Meine Träume handelten nun von meiner Familie zu Hause und dem Fluß des Todes – der Tod meiner Schwester und später der meines Vaters. Sie würden ebenfalls den Fluß überqueren. Ich wollte bei meinem Vater sein, bevor er starb. Tserete hatte mir eine verborgene Stärke gegeben, so daß ich Verantwortlichkeit und Autorität übernehmen konnte. Er führte mich sicher über die kulturelle Kreuzung zwischen den Welten. Nun war ich darauf vorbereitet, den Kreuzweg meiner Familie zu gehen.

Kapitel 2

Tod in der Familie

»Vati liegt im Sarasota-Memorial-Krankenhaus und ist sehr krank. Der Krebs ist in seine Leber vorgedrungen, und es kann sein, daß er es nicht überlebt.« Meine Mutter nannte meinen Vater liebevoll »Vati«, und er nannte sie »Mutti«. Sie wich nicht von seiner Seite und schlief in seinem Einzelzimmer im Krankenhaus, in der Hoffnung, daß er lange genug am Leben bleiben würde, um seine Enkelkinder noch einmal zu sehen.

Nach diesem Telefongespräch mit meiner Mutter flog ich nach Florida. »Seine Haut ist gelb geworden. Er hat Gelbsucht, und er hat viel Gewicht verloren«, erklärte mir meine Mutter bei meiner Ankunft am Flughafen. »Erschrick nicht über sein Aussehen. Er leidet sehr, und es geht ihm nicht gut.«

Als ich meinen Vater von den Medikamenten und Schmerzmitteln betäubt schlafen sah und seine orangefarbene, milchiggelbe Haut bemerkte, spürte ich seine furchtbaren Schmerzen und wußte, daß er bereit war zu gehen. Nachdem meine Mutter den Raum verlassen hatte, erwachte er aus seinem Schlaf, wandte sich mir zu und sagte: »Ich habe die Jungfrau Maria gesehen, ich habe ihr Gesicht gesehen ...«

Er hatte mich noch nicht erkannt, er träumte immer noch von ihr. Ich versicherte ihm: »Das ist gut so, sie kommt, um dich abzuholen und nach Hause zu bringen. Ich verstehe.« Dann begann ich zu weinen.

Mein Vater hatte niemals von solchen Dingen geredet. Er hat kein einziges Mal in seinem Leben eine Vision der

Jungfrau gehabt, oder zumindest hatte er mir nie davon erzählt. Nun war er von einem Leuchten umgeben, dem hellen Schein, der entsteht, wenn ein Mensch mehr Zeit außerhalb seines Körpers als darin verbringt. In seiner schrecklichen Qual wirkte er entblößt und sprach mit reinem, unverfälschtem Gefühl nur aus seinem Herzen.

»Foster, ich habe so wenig Vertrauen. Ich habe Angst davor, zu sterben. Ich will meine Enkelkinder in New York sehen. Ich habe nicht deinen Glauben.«

Mein Vater war ein Neuropsychiater, Leiter der Psychiatrie eines führenden Krankenhauses, ein Mann der Wissenschaft und ein Arzt, der in den Annalen des *Who's Who* verzeichnet war. Er hatte eine der ersten psychiatrischen Abteilungen in einem allgemeinen Krankenhaus gegründet und war ein hervorragender Neuerer, der seine Arbeit liebte und Geisteskranken half. Er ging jeden Sonntag zur Kirche und war, lange nachdem seine Kinder aufgehört hatten, zur Messe zu gehen, noch ein frommer Katholik. Jetzt fühlte er seinen Glauben schwinden.

»Ich weiß nicht, ob ich an ein Leben nach dem Tod glaube«, vertraute er mir an.

Als er klar und bei vollem Bewußtsein war, sagte ich zu ihm: »Ich habe genug Vertrauen für uns beide. Ich weiß definitiv, daß es ein Leben nach dem Tod gibt. Ich weiß, daß es einen Schöpfer gibt. Vati, wenn du bereit bist, dann wirst du die Jungfrau Maria treffen. Du bist zu einem besseren Ort unterwegs, und du wirst deinen Glauben in einem spirituellen Leben verwirklichen. Aber du wirst mir fehlen.«

Meine Mutter kam nun wieder ins Zimmer zurück. Sie wußte, daß seine Zeit begrenzt war. »Die Biopsien sind zu schmerzhaft, zu viele Schmerzen«, erklärte er uns. Die Ärzte mußten wissen, welche Behandlung sie anwenden sollten, aber die Biopsienadel war zu groß und tat meinem Vater in der Leber weh. Der Arzt wollte eine dritte Biopsie durchführen, weil die ersten beiden nur in totes Gewebe vorgedrungen waren.

Ich versprach meinem Vater, daß es keine weiteren Biopsien geben würde. Dann legte ich meine Hände zum ersten Mal auf den physischen Körper meines Vaters, um seinen ätherischen Körper, die Quelle wahrer Heilung, zu stärken. Ich hatte niemals zuvor körperlich mit ihm gearbeitet, sondern nur über Gebete und Intention aus der Entfernung.

»Vati, darf ich deinen Körper berühren und eine spirituelle Heilung durchführen? Ich verspreche dir keine Wunder, aber ich brauche deine Erlaubnis, deine Bereitschaft und dein Vertrauen.« Er nickt erschöpft.

Mitgefühl ist das einzige Wort, mit dem ich beschreiben kann, was als nächstes geschah. Ich liebte meinen Vater niemals so sehr, wie in diesem Moment. Ich begann, den Organen in seinem Körper zuzuhören, seiner ätherischen Hülle zu lauschen, dem Selbst jenseits der normalen Wahrnehmung, und ich sprach mit dem Geist meines Vaters. Alles, was ich tun konnte, bestand darin, ihn zu beruhigen und ihn auf die liebevollste Weise zu berühren, die ich kannte. Er schloß seine Augen, und ich fühlte, wie er jede Geste und Bewegung meiner Hand spürte. Er folgte mir mit einer Aufmerksamkeit, die Bewußtsein in seine Wunden brachte. Mein Geschenk besteht darin, auf hellsichtige Weise zu sehen und zu hören.

Ich berührte seinen ganzen Körper und ließ einen klaren Ton aus meinen Stimmbändern in sein Gewebe schießen und wie ein Röntgengerät durch jedes visualisierte Organ strömen, das vom Krebs befallen war.

Meine Mutter begann, sich unbehaglich zu fühlen, und bat darum, den Raum verlassen zu dürfen. Meine Handlungen erschienen ihr zu bizarr, ebenso die fremden

Gesänge, die alten schamanischen Lieder, die in Harmonien aus meinem Mund kamen. Sie war nicht darauf vorbereitet und hatte ein wenig Angst vor dem, was ich tun würde. Ich bin nicht abergläubisch wie sie. Ich gab meinem Vater auf spirituelle, sehr wissenschaftliche Weise von meiner eigenen Lebenskraft.

Was ich fühlte, waren sein Sonnenkörper, sein solarer Körper, dann sein Mondkörper und schließlich sein Saturnkörper. Das hört sich vielleicht seltsam an, aber es ist eine Vorbereitung auf den Tod, die ihn in seinen ursprünglichen Zustand zurückversetzte. Durch seinen ätherischen Körper konnte ich seine Vergangenheit sehen, was zu diesem Moment geführt hatte - ein objektives Lesen der Akasha-Aufzeichnungen. Dann sah ich, daß seine Seele kurz davor war, zusammenzubrechen und alle seine Energie und Erinnerungen an seinen Astralkörper weiterzugeben, bevor er wieder zu Geist wurde. Ich wollte, daß er frei war, frei von dem unnötigen Leiden, das eine Verlängerung seines Aufenthalts auf der Erde verursachen würde.

Schließlich arbeitete ich an seinem Erdkörper, seiner materiellen Substanz, dem Gefäß, das wir mit dem Schöpfer erschaffen. Ich wußte, daß wir von der Sonne, dem Mond, Saturn und der Erde - tatsächlich vom gesamten Kosmos - erschaffen werden und daß wir durch unsere Erfahrung hier für unsere wahren spirituellen Körper vorbereitet werden.

Mein Vater war ein wahrhaft individualisierter Mann. Er entwickelte seinen Intellekt und seine Intelligenz in unermeßlichem Ausmaß, und seit 1992 war er auf wunderbare Weise in seinem Herzen. Er hatte sieben Jahre lang Krebs: zuerst Non-Hodgkins-Lymphom, danach Hodgkins-Lymphom, das sich von seinem Hals in die Leber ausbreitete und schließlich auf verheerende Weise durch seinen Körper zirkulierte. Dennoch erschien er im Sarasota-Krankenhaus transparent, strahlend und irgendwie weit entfernt. Ich sah die Seele meines Vaters in ihrer bescheidenen nackten Form.

Das ist das zweitgrößte Geschenk, das ein Vater seinem Sohn geben kann: ihn an seiner Seele teilhaben zu lassen. Das erste ist die Empfängnis. Dieses Geschenk war an mir nicht verschwendet: das Geschenk der gemeinsamen Verbindung, der Ehre und des unglaublichen Bandes zwischen Vater und Sohn. Es gab in diesem Moment nichts, was ich nicht ehrte. Er vermittelte mir seine Liebe, seine Bewunderung und seine Achtung für mich. Alles was ich tun konnte, war, ihn auf die Weise zu berühren, mit der seine Seele immer meine berührt hatte.

Meine Mutter mußte seine Bettschüsseln wechseln. Häufig schaffte er es nicht bis ins Badezimmer. Sie hatte ihn einmal durch einen Schneesturm ins Krankenhaus gefahren. Und dann hatte sie eine Energie, eine wilde Entschlossenheit gefunden, sich in seinen letzten Jahren um alle seine Bedürfnisse zu kümmern. Ihre Achtung vor ihm war grenzenlos, und sie wurde in diesen Jahren auf einmal stark.

Eine lebensbedrohliche Krankheit kann diese plötzliche Wirkung auf Menschen ausüben. Wir haben endlose Energie, wenn wir uns um andere sorgen, und geben selbstlos, wenn die Situation es dringend verlangt. Bei dieser Art von Liebe gibt es keine Wahl. Wir helfen, wir leiden, wenn sie nicht schlafen können, und wir sehen ihre Höhe- und Tiefpunkte mit der ganzen Demut, die darin liegt.

Ich sah, wie meine Mutter sich veränderte, während sie ihre Pflicht für ihren Mann tat. Sie sorgte sich mehr um ihn und weniger um sich selbst. Sie liebte ihre Kinder und Enkelkinder mehr, weil das Leben nun endlich und kürzer erschien, als sie es sich jemals vorgestellt hatte. Das Leben war und ist kostbar. Wenn meine Mutter weinte, während sie neben meinem Vater saß, spürte ich durch mein aufwallendes Gefühl einen Kloß im Hals und wurde davon überflutet. Ich war stolz auf die unsterbliche Liebe und Sorge meiner Mutter für meinen Vater. Es war ein Zeichen ihrer edlen Seele.

Diese Art von Sorge und Pflege ist die wahre Prüfung der Integrität eines Menschen. Es hebt Jahre persönlichen Leidens und Karmas auf. Es ist die Essenz dessen, was die Buddhisten *Dharma* nennen: Dienst und Mitgefühl. Ich fühlte ein greifbares Mitgefühl und Achtung vor meiner Mutter durch ihre Bereitschaft, in jenem kleinen Krankenhauszimmer um das Leben meines Vaters zu kämpfen.

Während ich meinen Vater mit *Therapeutic Touch*, einer Form des Handauflegens, behandelte, kamen die Krankenschwestern herein. Sie setzten sich und sahen zu, während ich erklärte, wie Dolores Krieger *Therapeutic Touch* als Mittel für Krankenpfleger und Laien entwickelt hatte. Sie beobachteten, wie ich kalte Stellen in der Aura meines Vaters identifizierte und meine Hände dort auflegte, wo sich die stärksten Blockaden befanden. Ich erläuterte die verschiedenen Farbspektren und, wie sie Energien darstellen, die man auf konzentrierte, gerichtete Weise durch den Körper senden kann. Wir verwendeten ein dunkelviolett-blaues Licht, um den Heilungsprozeß meines Vaters zu unterstützen. Sie baten mich, diese Methode den anderen Krankenschwestern und Pflegern auf dieser Station beizubringen. Interessanterweise hatten sie kürzlich beim Krankenhaus nach einem Kurs über *Touch-for-Health* (»Gesund durch Berühren«) angefragt. Das war kein Zufall. Mein Vater war bei den liebevollsten Pflegern, die ich jemals getroffen hatte, in guten Händen.

In meinem ganzen Leben habe ich niemals so viel Respekt von Menschen erfahren, die in einem Krankenhaus arbeiten. Diese besonderen Krankenschwestern und Pfleger waren rücksichtsvoll, intelligent und offen für neue Arten der Selbstheilung und der Heilung von Körper und Geist. Meine Achtung für das Krankenhaus und das Personal wuchs, und mein Herz öffnete sich auf dieser Krebsstation unter den Sterbenden.

Mein Vater wandte sich an die Schwestern und verkündete: »Mein Sohn ist ein berühmter Heiler. Er unterrichtet Menschen auf der ganzen Welt über wahre Heilung. Er schreibt Bücher und hält Vorträge, um sie anzuleiten, wie sie ihr Leben verbessern können.«

Ich war erstaunt. Er hatte meine Heilungsarbeit niemals in meiner Gegenwart anerkannt. Nach meinem Abschluß an der Georgetown University hatte ich immer geglaubt, daß er meine Berufswahl als Enttäuschung betrachtete. Ich dachte, er wollte, daß ich wie er Arzt wurde. Vielleicht waren wir uns ähnlicher, als ich mir vorgestellt hatte. Ich wußte niemals, wie sehr er die Arbeit meiner Seele achtete und schätzte. Danach war unser Verhältnis zueinander nicht mehr wie vorher. Ich ging langsam zu den Toiletten, wo ich darüber weinte, daß mein Vater meine wahre Seele akzeptiert hatte.

Eine Wärme des Herzens ging von mir aus, die zu den Krankenschwestern und völlig Fremden auf den Gängen des Krankenhauses floß. Ich spürte das Mitgefühl in den leisen Worten der Ärzte und sah, wie viele Stunden das Personal im Angesicht der lebensbedrohlichen Krankheiten arbeitete. Ich merkte, wie oft sie ihre eigenen Tränen nicht zurückhalten konnten, wenn jemand im Kreise seiner Lieben gestorben war. Meine Bewunderung für sie und ihren Dienst wuchs. Ich spürte, wie wir alle miteinander verbunden sind, wie wir als Spezies gemeinsam Bewußtsein erreichen und aus einem tiefen Schlaf erwachen. Ich fand Christus in jedem einzelnen, in dem Lächeln der Menschen, sogar in angespannten Gesichtern. Ich konnte die intensive Einsamkeit in den meisten Zimmern spüren, wo sich Menschen mit der Zerstörung ihrer Körper allein gelassen fühlten. Ich wollte auf sie zugehen, ihnen sagen, daß sich ein völlig Fremder um sie sorgte, daß alles in einem größeren Zusammenhang steht. Ich wollte die Akasha-Aufzeichnungen jedes einzelnen Menschen dort lesen: alle ihre angesammelten Erinnerungen, die im Körper gespeichert waren. Ich wollte genau das Richtige sagen, um sie zu befreien und ihnen ein inneres Losgelöstsein zu geben. Ich wußte an diesem unglaublichen Tag, daß in Zukunft Krankenhäuser nach meinen Heilungsdiensten fragen würden, wie sie nach meinem Vater verlangt hatten, und daß meine Arbeit mich dorthin führen würde. Ich wußte, daß dies Teil meiner persönlichen Berufung zur Liebe war.

Meine Mutter war darin vertieft, meinem Vater zu helfen. Sie wollte, daß ich meinen Frieden mit ihm schloß. Ich fragte ihn schließlich: »Vati, gibt es irgend etwas zwischen uns, das noch abgeschlossen werden muß? Ich vergebe dir für alles in der Vergangenheit. Ich fühle dir gegenüber keine Wut, nur eine ungeheure Liebe, die niemals aufhört, sogar wenn ich so tue, als wäre sie vorbei. Ich habe niemals aufgehört, dich zu lieben, Vati, und ich mache dich für keinen Schaden und keine Wunde in der Vergangenheit verantwortlich. Ich sehe jetzt, daß du der perfekte Vater für mich warst und daß du nichts falsch gemacht hast. Vati, gibt es irgend etwas, das du loslassen möchtest? Gibt es irgend etwas in der Vergangenheit, das du mir verzeihen mußt?«

Er antwortete: »Ich bereue nur eins: daß ich nicht länger gelebt habe und daß ich nicht für dich und deinen Bruder und deine Schwestern dasein konnte. Ich bin zu jung zum Sterben. Ich bin zu jung zum Sterben!«

»Vati, es ist nichts Schlimmes daran, zu gehen.«

»Aber ich will meine Enkel sehen. Ich will sie noch einmal in New York treffen, und ich will kräftig genug sein, um den Flug machen zu können.«

»Ich sehe, daß du noch drei oder vier Monate zu leben hast, und dann ist es Zeit, ins Licht zu gehen. Bitte deine Familie, hierher zu fliegen und dich zu besuchen, solange noch Zeit ist. Bitte, sag ihnen, daß sie kommen sollen. Schäme dich nicht wegen deines Aussehens oder weil du im Krankenhaus bist.« Er nickte zustimmend und griff nach meiner Hand.

»Wenn es an der Zeit ist, zu sterben, dann verlasse deinen Körper von deinem Herzen durch deinen Scheitel. Du wirst dich immer noch an dein Leben erinnern. Dein ätherischer Körper bewahrt alle deine Erinnerungen auf. Zuerst wirst du dein Leben Revue passieren lassen, und das kann sehr lange dauern. Du erlebst noch einmal, was du anderen getan hast, und wirst die Wirkung jeder deiner Handlungen auf sie erfahren. Du empfindest Mitgefühl und verstehst die Wirkung jeder Handlung auf der Welt. Wenn dies abgeschlossen ist, wirst du in einer Art spirituellen Universität weiterlernen. Wie alle Toten bist du dann immer noch im Reich der Menschen, genau wie wir uns im Reich der Pflanzen befinden.

Du wirst wie ein schwebender Verstand, schwebende Intelligenz sein. Gehe dann ins Licht, zur Wärme. Rufe nach meiner Schwester Pat, und lasse sie dir bei der Überfahrt zur Stadt des intensiven Lichts helfen. Sieh dein spirituelles Selbst, was du hier auf der Erde erreichst. Du wirst deine wahre Essenz sehen und wissen, daß meine eigene spirituelle Entwicklung in diesem Leben hilfreich für dich ist. Und daß du deine Lektionen auf der anderen

Seite lernst, hilft mir auf der Erde. Ich liebe dich, Vati. Ich hoffe, das war nicht zuviel. Ich bin nur allzu menschlich, ich werde dich so sehr vermissen. Du gehst zu einem Ort, an dem besser für dich gesorgt wird. Hab keine Angst. Geh, wenn es an der Zeit ist.«

»Foster, ich habe zu viele Schmerzen, ich kann nicht atmen. Ich kann diese heftigen Schmerzen und das Leiden nicht aushalten. Manchmal kann ich mich nicht bewegen. Es ist zuviel für deine Mutter, sich um mich zu kümmern. Sie kann nachts nicht schlafen. Was wird aus ihr, wenn ich nicht mehr da bin, um für sie zu sorgen? Bitte kümmere dich um sie, Foster, wenn ich tot bin.«

Ich flüsterte in sein Ohr: »Wenn du stirbst, gibt es keine Schmerzen mehr. Es ist das Ende des Leidens. Es ist Freiheit. Mir geht es gut. Ich kann mich um mich selbst kümmern. Ich bin jetzt stark und unabhängig. Das gilt auch für Gerry, Fred, Yvonne und deine Enkelkinder. Sie sind diszipliniert und manchmal stärker als wir. Wir werden uns alle um Mutter in ihrem Schmerz und ihrer Trauer kümmern. Allen wird es gutgehen. Du kannst gehen, wann du willst. Ich sehe noch drei oder vier Monate. Lebe, als wenn es der letzte Tag wäre. Ich liebe dich. Ich werde dir immer helfen, im Leben oder im Tode. Ich kann dir vielleicht helfen, wenn du auf die andere Seite wechselst, wenn die Zeit reif ist.«

»Ich will nicht mehr leiden. Ich liebe euch alle zu sehr. Ich liebe dich, Foster, und ich habe dir das nie gesagt.«

Du wartest als Sohn dein ganzes Leben auf diese drei Worte. »Ich liebe dich.«

Ich wußte, daß er es ernst meinte, weil er Worte nicht leichtfertig benutzte.

»Ich werde dich immer lieben, Vati. Erinnerungen gehen über den Tod hinaus. Ich werde mich immer an die Tiefe unserer gemeinsamen Zeit erinnern. Du hast mir so viel beigebracht. Ich bin dir so dankbar, daß du mich durch deine Liebe erschaffen hast.«

Ich habe sein Bild auf einem Tisch in meinem Haus mit Fotos von allen meinen Verwandten stehen – meinem Urgroßvater, der Ypsilantis-Familie, den Perrys aus Indien und Australien, seiner Mutter, Schwester, dem Vater meiner Mutter, Mutter und meiner Schwester Anastasia und meinen anderen Geschwistern. Es ist ein Altar mit drei Kerzen für meine Vorfahren. Ich weiß, daß sie mir auf der anderen Seite helfen. Ich weiß, daß ich ihnen nur durch meine bewußte Aufmerksamkeit, mein spirituelles Leben hier helfen kann.

Als meine Mutter mich nach meinem kurzen Besuch bei meinem Vater am Flughafen absetzte, sagte ich zu ihr: »Du brauchst nicht mit mir am Flughafen zu warten. Er braucht dich, und du mußt dich ausruhen. Ich bin jetzt alt genug. Ich fühle mich in meinem Innern stark und reif. Ich bin erwachsen geworden. Ich kann mich jetzt um mich selbst kümmern.« Meine Mutter verstand. Sie mußte in den letzten Momenten seines Lebens bei ihm sein. Für mich war dies ein Moment des tiefen Vertrauens, ein Loslassen ihrer Verpflichtungen gegenüber mir als ihrem Sohn. Zwischen Mutter und Sohn wurde etwas ausgetauscht, eine Achtung, ein Reifen unserer Beziehung. Ich konnte mich wirklich um mich selbst kümmern.

Mein Vater starb wenige Tage vor seinem Geburtstag, dem 22. April. Seine Beerdigung war für seinen Geburtstag geplant. Er gab schließlich auf, um das nächste Abenteuer zu beginnen.

Die Beerdigung fand in derselben katholischen Kirche statt, in der ich als Kind die Messe besucht hatte. Ich war nicht mehr zur St.-Aiden-Kirche in Williston Park zurückgekehrt, seit ich als junger, zappeliger Teenager während der Sonntagsmesse neben meinem Vater gesessen hatte.

Und ich war niemals zuvor Sargträger in der ersten Reihe einer Beerdigungsprozession gewesen. Der Sarg war schwer mit Rosen überhäuft. Ich hatte niemals eine so große Ehre gefühlt wie an diesem Tag. Ich war voller Ehrfurcht für das Ritual. Ein enger Freund meines Vaters sprach einen Segen für ihn, und ich sah die Jugend meines Vaters zum ersten Mal aus seiner Sicht. Es gab so viel, was ich nie über ihn erfuhr. Ich weinte sehr, als ich diesen Ausdruck der Liebe dieses Mannes für meinen Vater hörte. Ich werde seine gütigen Worte der Tapferkeit und der Anerkennung niemals vergessen.

Ich liebe es, wenn Menschen ihr Bestes geben, nicht als brillante Leistung, sondern auf eine offenkundig ehrliche Art. Das sah ich in dem Freund meines Vaters, als er seine Grabrede hielt. Sogar der Priester hatte einen Moment der Transzendenz und sprach von Herzen. Er kannte den Tod, und seine Ernsthaftigkeit war echt. Er sprach von der Vergänglichkeit und dem Wunsch, zu inkarnieren und für eine Familie zu sorgen.

Es war Osterzeit, und bei der Beerdigung meines Vaters gab es Hunderte von Osterglocken. Ich spürte, daß Ostern seine Wiedergeburt in eine neue Art des Lebens war. Als die Gebete beendigt waren und alle die Krypta verlassen hatten, blieb ich zurück und sang ein altes ostindisches Lied - mein Vater war zum Teil indischer Abstammung -, das Übergangslied für einen großen Geist, eine große Seele. Ich fühlte, wie der Regen der Tränen mein Lied reinigte, als meine Stimme sich in mehrere Stimmen teilte. Als sie ihre Epiphanie erreichte, war die brechende Stimme der Logos des Universums, der an Pfingsten durch die Apostel singt. Meine Schwester, die ein Jahr zuvor gestorben war, hatte sich als Pentecostalistin bezeichnet, weil sie fühlte, wie der Logos in ihren Kehlkopf kam und einen freudvollen Engelschor ins Leben rief.

Meine Mutter beobachtete mich aus der Entfernung und kam zu mir herüber, als ich seine Krypta verließ: »Du hast alte indische Lieder für deinen Vater gesungen. Das hätte ihm gefallen.«

Sie hatte mich nie zuvor in einer so tiefen Weise anerkannt. Ich fühlte mich in diesem Moment so sehr geehrt, ihr Sohn zu sein. Diese Lieder waren meine abschließenden Tränen des Lobs und der Trauer.

Akzeptanz und Nichturteilen waren schließlich gekommen, und ich erkannte die Tiefe der Familienliebe. Ich sagte zum Geist meines Vaters bei seiner Totenwache: »Vater, verzeih mir, aber ich muß dich um einen Gefallen von der anderen Seite bitten. Ich habe alles, was ich jemals wollte, und ich bin dankbar für meine Gesundheit, aber ich brauche einen Gefährten, eine Geliebte, jemand, der alles an mir liebt.«

Innerhalb von drei Tagen hatte er mein Gebet beantwortet, und ich habe diesen Menschen seitdem auf eine tiefe, bedeutungsvolle Weise geliebt. Mein Vater fand den perfekten Gefährten für mich, und ich habe mich seit jenem Tag niemals allein gefühlt. Das war sein letztes Geschenk an mich.

Rückblickend erkenne ich nun, daß Tserete vom Stamm der Xavante eine Art spiritueller Vater für mich war. Er gab mir den Mut, zu lieben und dem Tod meines leiblichen Vaters ins Auge zu sehen. Dies waren meine beiden Väter und Wächter auf meinem Weg zur Reife.

Nach dem Tod meines Vaters bemerkte ich das Wirken von Chiron hinter diesen Ereignissen. Obwohl ich nicht Arzt wie mein Vater werden würde, bereitete Chiron mich auf eine tiefe Form des Schamanismus vor, auf eine nach innen gekehrte Medizin, damit ich lernen könnte, die Spaltung zwischen instinktivem und spirituellem Leben aufzuheben. Es gibt eine Version der Sage von Chiron in der griechischen Mythologie, in der er ein pflanzliches Heilmittel für seine Wunde findet – später nach ihm als »Centaury« (Tausendgüldenkraut) benannt. Ich wollte in den Dschungel zurückkehren, um diese Pflanze zu finden. Ich wollte ihren Geist singen hören.

Ich verließ Sarasota in Florida, um zum Amazonas zu reisen. Ich war sichtbar erschüttert, verändert, trauerte und war doch frei, um die Seele meines inneren Vaters zu kultivieren.

Kapitel 3

Paje, schütze die Welt

Das Flußbecken des Amazonas enthält das größte Süßwasservolumen der Welt. Es leitet das Regenwasser von beinahe halb Südamerika ins Meer. Von den peruanischen Anden, wo der Amazonas Alto Maranon genannt wird, erstreckt sich der Fluß über 3400 Meilen bis zur brasilianischen Küste. Ich flog zu verschiedenen Stellen am Amazonas, um mir einen Überblick über seine riesigen Ausmaße zu verschaffen. Ich war von jedem Ort hingerissen, an dem ich verweilte. Im Süden des Flusses fühlte ich eine wahre Verwandtschaft mit den vielen Stämmen, die von seinen Gewässern leben.

Ich hielt meine ersten Besuche im Regenwald südlich des Amazonas vor meinen Freunden geheim. Ich hatte Angst vor ihrer Kritik an meinen neuen Erfahrungen mit psychoaktiven pflanzlichen Substanzen bei den einheimischen Stämmen. Ich wollte nicht, daß meine Kollegen glaubten, ich würde zu meinem Vergnügen Drogen konsumieren. Ich wollte *mucuna* bei einem bestimmten Stamm und *ayahuasca* mit einem anderen ausgebildeten Schamanen einnehmen. Ich befand mich auf einer ernsthaften Suche, um die seltsamen außerweltlichen Wahrnehmungen zu verstehen, die es in schamanischen Kulturen gibt. Das Wissen und der Gebrauch von Pflanzen zur Bewußtseinsveränderung sind uralte Mittel, um Zugang zu den kulturellen und religiösen Archetypen der Menschheit zu erhalten. Robert Graves[1] glaubt, daß die

1 Robert Graves, *The White Goddess*

Zentauren in Griechenland durch den Konsum von Pilzen der Gattung *Amanita muscaria* wild und aufsässig wurden. Diese Pilze waren im Altertum ein verbreitetes Halluzinogen und wurden verwendet, um schamanische Trancezustände herbeizuführen.

Als ich zum ersten Mal den Regenwald im südlichen Amazonasgebiet betrat, fühlte ich mich von meinen Sinneseindrücken überwältigt - als wenn ich eine Halluzination hätte, bei der der Wald direkt zu meiner Seele sprach. Ich begann meine Reise mit Ehrfurcht und Ehrerbietung für die Rituale und Wahrnehmungen der eingeborenen Völker. Ich bewunderte die Unermeßlichkeit Brasiliens und fühlte mich im Vergleich mit der Großartigkeit der Natur sehr klein. Ich lernte, die Natur auf eine völlig neue Art zu achten und alle Habgier nach Wissen um die inneren Dimensionen loszulassen. Eine neue Welt öffnete ihre Tore, und ich mußte die Poesie des Amazonasregenwaldes finden.

Als ich im brasilianischen Regenwald in der Nähe von Manaus ankam, brach die Nacht herein. Noch bevor ich die heilige Mucuna-Pflanze eingenommen hatte, verschmolz ich bereits mit der Landschaft. Die Offenherzigkeit und die Geduld des Amazonas mit dieser zeitlosen Welt der schwülen Hitze überwältigten meine Seele mit Fieberschauern und sternlosen Nächten. Ich bewegte mich auf den Wald, den Nebel und das Wasser zu - Landschaften, die das unlösbare Geheimnis der Menschheit in sich tragen.

Ich traf Männer, die als *pajes* oder Schamanen bezeichnet wurden. Ihre Augen sahen alles, sie hatten einen ausgelassenen Humor, und sie waren unbeugsam und unerschrocken in ihren Überzeugungen. Ich sah den Ansturm der modernen Welt auf eine Lebensweise, die auf einer uralten Tradition beruhte. Ich war mir des Kriegs bewußt, der den einheimischen Völkern von Brasilien aufgezwungen wurde, und fühlte die stillen Kämpfe. Ich sah die schwarzen Flächen verlassener und verbrannter Wälder. Ich sah die Ruhe eines Meers im Sturm seiner Zerstörung.

Das neue Brasilien ist immens und breitet sich ständig aus, während sich die einheimischen Stämme immer mehr ins Landesinnere zurückziehen. Ich wünsche mir eine Welt, in welcher der Lebensstandard und die Lebensweise mit menschlicher Würde vereinbar sind, in der viele Stämme durch Wasserwege und Ebenen verbunden nebeneinander existieren und per Kanu und zu Fuß reisen, um als eine Gemeinschaft und eine Nation zu leben. Ich verfolge meine Existenz bis zum Amazonas und seinem Blut in meinen Adern zurück. Der Regenwald flößt der Seele sein harmonisches, malerisches Bewußtsein ein. Ich fand hier humorvolle und aufmerksame Menschen, die von der modernen Gesellschaft nicht verdorben waren. Das subtile Gleichgewicht der menschlichen Beziehungen füllt die Sinne als eine natürliche Ordnung mit Ehre. Hier verstand ich die innere Weisheit der gegenseitigen Achtung.

Bei meiner Ankunft flogen exquisite Vögel, rosarote Löffelreiher und weiße Silberreiher, über meinen Kopf hinweg. Überall um mich herum hörte ich das Kreischen von Papageien und Affen, ich spürte die Gegenwart des Fuchses und des Alligators, des gelben Pumas, der Ameisen, die sich vor der Waldeshitze im Boden vergruben, der Piranhas mit den rasiermesserscharfen Zähnen - die Wächter des Wassers - und der Fische, die entlang den Ufern nach ins Wasser gefallenen Beeren und Früchten suchten. Der Winter bringt Mitte November den Regen, und der Sommer wärmt und trocknet das Land im Mai mit einer wolkenlosen blauen Weite. Ich folgte den Schildkröten zum Flußufer. Ich sah, wie Ameisenbären aus dem Wald kamen und nach Futter suchten.

Ich spürte die Tänze von Schamanen auf den Blättern, hörte die schrillen Schreie der Indianer, die Vögel nachahmten, und die gesprochenen Worte der Stammbaumhüter schallten durch die neblige Luft. Ich stieß auf mächtige, betörende Wasserfälle.

Diese Eingeborenen sind Teil der Natur und bewohnen die Welt der Pflanzen, Blumen, Wasserfälle und Vögel. Sie leben in Stammeseinheit und teilen die Verantwortlichkeiten. Macht wird zum Vorteil aller aufgegeben. Es braucht niemand Befehle zu geben. Würde ist wichtiger als Macht.

Das Übernatürliche legt seine Decke des Friedens über den Wald: Freiheit ohne Angst. Jedes Kind gehört einer Gemeinschaft an, nicht einem individuellen Elternteil. Ich fand Offenheit und Zusammenarbeit unter den Menschen. Keiner störte mich, als ich in diesem Moment in der Nacht in dem unermeßlich weiten Wald saß. Alle gingen schweigend an mir vorüber.

Junge Männer badeten im Nebel halb versteckt im Fluß, als ich mich näherte. Das Wasser war warm, und sie gaben jauchzende Laute von sich. Andere Dorfbewohner kamen gerade vom Fischen, und einige hatten Maniokrohr gesammelt. (Die giftige Maniokwurzel wird abgekratzt und abgewaschen, bis sie nicht länger giftig ist, und anschließend gekocht, um den als *mandioca brava* bezeichneten Saft zu gewinnen, der die Nahrung der Indianer darstellt, oder um hellrote Körperfarbe herzustellen. Die Maniokwurzel wird gemahlen, um Brot zu backen. Sie ist das Haupterzeugnis des Waldes.)

Die Männer reinigten und pflegten sich mit einem Sinn für sittliche Reinheit.

Abends handelten und tauschten sie untereinander. Es

wurden über offenem Feuer gegrillter Fisch und Maniok gegessen. Ich mußte an einen Schamanen der Xingu-Indianer denken, der bei solchen Versammlungen in vertrauter Weise die verschiedenen Geister anrief. Er sang: »Yanama, Kaurate, Kalaramane.« Er sang außerdem zum Mond und erfüllte die Luft mit seinen Liedern. Die Pajes wollen nicht, daß Seelen gestohlen werden. Deshalb singen sie so laut und mit voller Stimme, damit die Geister tanzen und fröhlich sind. Während die Lieder der Pajes ertönen, werden keine Seelen gestohlen. Aber ich habe Geschichten von Erscheinungen gehört, die es hier gibt.

Ein alter Mann mit langem weißem Haar und einem Heiligenschein um seinen Kopf wird oft am Flußufer gesichtet.

Man sagt, daß ein Indianer drei Seelen hat: zwei, die endlich sind, bei der Empfängnis erschaffen werden und beim Tod vergehen, und eine, die ewige Essenz besitzt und eine Quelle der Schönheit und der Ehre darstellt. Der Tod ist für die Indianer ein Tor zu einem anderen Leben an einem Fluß ohne Fische, an dem sie mit dem Mond und mit den sich verwebenden Bildern des Äthers und den Strömungen der Ewigkeit tanzen. Im Tod kämpfen einige Seelen mit den Vögeln wie mit den Wächtern der Schwelle. Die Vögel führen einen gewalttätigen Krieg gegen die reisenden Seelen und beurteilen die Menschen gnadenlos an der Tür des Todes. Wenn die Eingeweihten ihre Vogelgegner besiegen, indem sie ihren eigenen inneren Krieg mit dem Astralen - ihrer zerstörerischen karmischen Natur - im Verhalten der Vögel erkennen und das Gefressenwerden überstehen, leben sie in der Ewigkeit ungestört mit den Flügeln dieses Vogels in den Himmeln weiter. Die Eingeweihten werden auf der anderen Seite des Tors als neue Wesen in einem neuen spirituellen Dorf wiedergeboren.

Ich habe oft nachts im Wald gesessen, im heiligen Dom der Erde, wo das Land seine Energie wiedererlangt. Pajes singen und schützen die Welt, in der wir leben, und ich bin dankbar dafür, daß ich lebe. Mir liegen dieser Planet, seine tägliche Runde und der Rhythmus der Schöpfung am Herzen. Lieder des Logos kommen und gehen und bringen Ordnung in das Universum. Es gibt eine natürliche Harmonie zwischen dem Geist und den Lebensbedingungen. Ich fühle mich trotz der Unzulänglichkciten der täglichen Welt hoffnungsfroh und erkennte, daß mein Geist herausgefordert, unterstützt und ermutigt wird.

Kein Fluß gehört einem Menschen, doch werden wir auf seiner stillen Flut - den vergehenden Stunden - bei den Girlanden aus wilden Ranken geboren. Ich habe die Fülle der Früchte, der Göttin des Überflusses, der großzügigen Erde erfahren. Ich habe Männer mit Kraft und Mut ringen sehen. Sie umkreisten sich, schlugen einander und versuchten, sich ohne Scham gegenseitig das Gleichgewicht zu nehmen. Ich habe hier Krieger getroffen, die im Kampf unbesiegt waren, aber ich habe niemals erlebt, daß ein Krieger in seiner Niederlage gedemütigt wurde.

Ein gelber Jaguar mit schwarzen Flecken zeigte sich mir einmal im Wald und lief als ein Omen an mir vorbei. Er jagte seine Beute. Unter meinen Krafttieren sind sowohl Raubtiere als auch Beutetiere, und ich bin wachsam gegenüber Menschen, die nur Raubtiere als Krafttiere haben. Ein brasilianischer Mann namens Pirai, der bei vielen Stämmen im Norden gelebt und ihre Sprachen in Wörterbüchern aufgezeichnet hat, erzählte mir, daß sein Krafttier ein Regenwurm ist. Dawn Eagle Woman, meine gute Freundin, bemerkte daraufhin: »Pirai, mein Freund, am Ende wirst du gewinnen.« Die Würmer verzehren die Reste des organischen Lebens und gewinnen am Ende tatsächlich. Pirai erzählte uns auch davon, wie er wochenlang durch den Dschungel wanderte und nur eine bestimmte Wurzel aß - eine, die gut für die Eierstöcke ist -, um zu überleben. Leider tat ihm die Wurzel nicht viel Gutes, da er keine Eierstöcke hatte. Der Humor der Leute vom Amazonas ist ansteckend.

Ich schwelge in Erinnerungen und denke an alle meine Besuche in Brasilien, bei seinen Stämmen, seinen ungeheuer ausgedehnten Savannen und dem unermeßlichen Regenwald. Mein Leben hat sich hier verändert. Ich wurde mehr zu einem »Ich«, meiner selbst mehr bewußt, und freier, um im Geist der Größe zu leben. Ich war nicht länger Teil eines Stammes, einer Gemeinschaft der Seelen, meine Individualität wurde zu meinem Schicksal. Wir müssen aus dem Traum der Kollektivität und dem Traum der Gruppenseele erwachen.

Kapitel 4

Die Farbe Violett: Eintritt in das Bardo

Bei meinem zweiten Besuch des Regenwaldes in der Nähe von Manaus betete ich und entleerte und reinigte meinen Verstand beim Betreten des alten Waldes.

Bei meiner Ankunft brach wiederum die Nacht an, und der Wald war von den Geräuschen der Vögel erfüllt. Einmal konnte ich undeutlich eine Anakonda erkennen, die sich entlang einem gefallenen hohlen Baum an mir vorbeischlängelte. Am nächsten Morgen fand ich die Haut einer Anakonda. Ich häutete mich selbst im Zwielicht, und die Stille war eine Art Echo. Eine Schwärze drang in das Licht ein, und ich war von Leere umgeben.

Meine brasilianischen Freunde schliefen nach unserer langen Wanderung im Camp. Ich war in der endlosen Dicke der feuchten Luft allein. Ich befand mich auf einer Odyssee im Herzen von Brasilien. Ich erinnerte mich an einen Satz des griechischen Dichters Homer, an das »weindunkle Meer«. Ich war bewußt in dieses Meer eingetaucht.

Man sagt, daß Homer blind war. Wenn du deine Augen schließt und wenig Umgebungslicht sehen kannst, gibt Rhodopsin, ein Pigment der Stäbchenzellen in deinen Augen, der Dunkelheit einen tiefvioletten Ton. Während ich in der Meditation saß oder einfach nur meine Augen schloß, war ich von Dunkelheit umgeben und konnte dennoch sehen. Theodore Roethke schrieb, »in einer dunklen Zeit beginnen die Augen zu sehen«.[1]

Im Wald der Wandlung sah ich die Farbe des Weins

überall. Was für Erfahrungen hatte ich im Bauch meiner Mutter?

Es gibt eine embryonale Berührung, eine Wärme der Empfindung, eine Schwerelosigkeit ohne eine bestimmte Vorstellung von einem Ort. Dies ist die allgemeine Beschreibung der inneren Welten - der Begegnung mit der Großen Mutter, dem Fluß der Nahrung in ihrem Körper. Dies ist auch der Grund für die Konzentration im späteren Leben auf den Bereich um den Nabel. Innere und äußere Unterscheidungen lösen sich in der Gebärmutter auf.

Wenn wir die Ohren, den Mund, die Nase, die Augen schließen, treten wir zur zweiten Geburt erneut in die Gebärmutter ein. Die erste Geburt erfolgt durch Wasser, und die zweite, wie Johannes der Täufer zeigte, durch den Geist. Als Essenz des Gefühls ist sie warm und nährend.

In dieser Nacht fühlte ich, wie sich mein ganzer Körper im Amazonas violett färbte. Der Wald umgab mich wie eine Festung. Die Glühwürmchen wirbelten wie ein leuchtender Staub umher, blinkten in der drückenden Hitze auf und verloschen wieder. Die Luft wirkte wie eine schützende Hülle. Ich begann, von innen zu leuchten. Mit meiner intensivierten Sinneswahrnehmung konnte ich weder Vergangenheit noch Zukunft wahrnehmen. Es gab keinen Ort, an den ich gehen oder wo ich mich verstecken mußte. Ich befand mich im Unbekannten und fühlte keine Angst. Die Bäume wiegten sich rhythmisch. Ich war in einem Moment der wirklichen Zeit gefangen.

Ich verstand in diesem Moment die Meditation: die Bereitschaft, die Sinne zu verschließen, den Körper nur auf innere Töne lauschen zu lassen. Ich konnte hören, wie meine Trommelfelle klatschten und wie das Blut durch meine Venen strömte. Der Dschungel kehrte meinen Körper von innen nach außen. Ich reiste in die Gebärmutter der Dunkelheit.

Während ich mich dem Amazonas hingab, konnte ich zum ersten Mal als Zeuge meditieren, flüchtige Gedanken beobachten und meinen ätherischen Körper einem größeren Bewußtsein öffnen – der Welt hinter den Schleiern. Ich war klein in ihrer Unermeßlichkeit und bewußter als die Tiere.

In dieser Nacht konnte ich nicht schlafen. Ich stand aufrecht wie ein Baum und mein Rückgrat fühlte sich wie ein innerer Baum an. Der Wald, der in meinem Innern wuchs, sprach zu mir: »Konzentriere dein Herz auf einen Punkt, und nichts wird unmöglich sein.« Ich hörte seine Worte, die mich auf den nächsten Schritt vorbereiteten.

»Gott ist Erfahrung an sich. Gott nimmt an jeder Erfahrung teil. Gott ist alles, was wir leben und atmen. Wenn du zur Seele des Verstands wirst, ruhst du in ihm und im mystischen Meer, dem weindunklen Meer.« Wir sind alle blind wie Homer, und dennoch können wir seinen violetten Wein sehen. »In der Stille des Herzens«, sprach der Wald, »liegt das Erwachen des Atems.«

Das griechische Wort für Violett ist *ion*: es beschreibt sowohl die Farbe Rot als auch Dunkelblau. Die griechischen Adeligen trugen Violett. Athen wurde die violettgekrönte Stadt genannt. In Rom trugen nur die Cäsaren die Farbe Purpur. Im Katholizismus kommt Purpur nach Weiß direkt an zweiter Stelle. Die Päpste tragen eine purpurfarbene Kappe. Es ist die Farbe des Frohlockens, der Transformation und der Freiheit.

Für mich ist der Schamanismus ein violettes Meer. Der Schamane ist ein Gott-Mensch, ein Mythopoet. Der Schamanismus ist das Erfahren des ekstatischen Lebens.

Er hat auf der ganzen Welt tiefe Wurzeln und könnte gut das Fundament der jüdisch-christlichen Tradition, des tibetischen Buddhismus (über die Bon- Po-Tradition) und der vedischen Ära in Indien (um ungefähr 1000 vor Christus) sein. Es ist die Praxis des Herbeiführens kosmischer Erinnerungen – mit oder ohne Trance.

Absichtlich herbeigeführte Trancezustände erzeugen eine ekstatische Einheit (Un-*ion*) mit dem Göttlichen und stellen den Kern des alten Schamanismus dar. Ältere Praktizierende dieser Kunst erschafften aus ihrer Erfahrung der Geistwelt die Grundlage des Yoga, das »Einheit« oder »verbinden« mit Gott oder, in Indien, mit Brahman bedeutet.

Schamanen sind keine Priester, sondern Mentoren, Gefährten, Freunde auf der Reise zu wahrer Hellsichtigkeit. Sie haben eine besondere Kenntnis der unsichtbaren Welt. Sie können ihren Verstand leeren und in Trancezustände gehen oder in den ätherischen Welten bewußt verweilen, sobald sie die Wächter des Todes passiert haben. Schamanen benutzen hauptsächlich Sagen und Märchen, um die Erfahrungen des Trancezustands auf verschleierte Weise zu beschreiben. Sie geben ihr Wissen durch Übergangsriten in der Pubertät weiter. Schamanen geben jungen Männern, während diese auf einer Visionssuche im Wald sind, oft giftige Pflanzen zu essen. Wenn ein Junge dies überlebt und ins Dorf zurückkehrt, wird er als ein Mann mit einer bestimmten Rolle in die Gemeinschaft aufgenommen. Das Trinken des Mucuna-Safts in Brasilien war mein Übergangsritus zur Belebung meiner Visionssuche.

Das Wort »spirituell« leitet sich aus dem lateinischen Wort für Atem ab. Atem ist Geist. Gott ist Erfahrung und Bewußtsein im Atem. Delphine sind häufig Lehrer der Schamanen, denn sie können ihren Atem willkürlich und leicht über lange Zeit anhalten. Delphi in Griechenland bedeutet »Ort des Delphins«. Im Yoga stellt der Zyklus des Einatmens und Ausatmens das Rad von Geburt und Tod dar.

Nach Patanjali in den Yoga-Sutren kann der Atem zur *kaivalya* oder Befreiung kontrolliert werden. *Kumbhaka*, ein den Yogis bekanntes Phänomen, findet statt, wenn die Lungen sich mit Luft füllen und Trancezustände auftreten. Der Atem wird in den Nebenhöhlen gefühlt und zwischen den Augenbrauen in der Form der aufgespannten Schwingen eines Vogels gehalten. Dies ist eine Beschreibung der frontalen Gehirnnaht (sie verläuft entlang einer embryonalen Teilung im Stirnlappen). Wenn der Atem in die Nebenhöhlen eintritt, gelangen *prana* oder Sauerstoff in den Schädel. Der Atem »öffnet« das Tor des Schädels.

Daß die Hindus die Stirn mit einem sternähnlichen *tilak* oder drei vertikalen Linien an dem Punkt verzieren, wo der Atem in den Schädel eintritt, hat mit dieser fundamentalen Technik zu tun. Dieser Punkt ist das Tor von Brahman. Der Atem tritt in das Herz, die Hüfte, die Beine, den Kopf und den ganzen Körper ein (*vyana* genannt). Der Yogi konzentriert sich auf die Wurzel des Atems, die sich im ätherischen Körper an der Hypophyse befindet.

Wenn der Yogi sich auf die Hypophyse konzentriert, wird ein Hormon freigesetzt, das die Zirbeldrüse stimuliert. Das »Erwachen« der Zirbeldrüse ist für unvorbereitete Menschen ein verheerendes Erlebnis. Das Freisetzen des Hypophysenhormons verursacht ein »Zerreißen« des Bewußtseins und kann für Uneingeweihte äußerst gefährlich sein. Es kann Epilepsie auslösen. Ein Schamane lernt, die Gefühle und den Körper durch Fasten, richtiges Denken, Achtsamkeit, Kontemplation und Meditation über den Chakras oder Lotusblüten zu säubern und zu reinigen, um die Hormonspiegel von Testosteron, Adrenalin und Thyroxin auszugleichen, die das Hypophysenhormon stören können. Die Hypophyse steuert den Körper und leitet mit diesem Hormon das spirituelle Erwachen ein.

Wir können dieses Vorgang durch kontrollierte Atmung

aktivieren, indem wir das Herz und die Lungen verlangsamen, den Verstand zum Schweigen bringen und dann auf die Wurzel in der Stirn blicken: die Hypophyse. Wir lassen den Atem hineinströmen, und mit einem Energieschwall öffnet sich, beinahe wie ein Blitzschlag, in Riß in der Zirbeldrüse. Ein helles Licht erscheint, und hinter diesem Licht liegt *samadhi*, das Ende des Karmas.

Dieser ganze Vorgang ist die Basis der Einweihung, die über viele Generationen weitergegeben worden ist. Als Folge von Gnade und Evolution machen nun Tausende von Menschen diese Erfahrung. Es ist meine Absicht, Menschen beim Verstehen dieses Prozesses durch meine Erfahrungen mit dem Erwachen der Hypophyse zu helfen. Wir müssen darauf vorbereitet sein, dem Schatten, dem zurückgewiesenen Selbst, gegenüberzutreten und in die anderen Welten mit Geduld, Konzentration und spirituellem Erkennen einzutreten, um zu bewußten Adepten zu werden. Während ich auf meiner Visionssuche den giftigen Mucuna-Saft einnahm, handelte mein letzter Gedanke von den eleusinischen Mysterien in Griechenland und davon, daß Einweihung eine Vorbereitung auf das Sterben ist. Wie wäre es, wirklich nichts zu tun und die Sinne auszuschalten? Was existiert über die Sinne hinaus? Ich weiß, daß Karma durch die Konsequenzen von Handlungen und durch Leid erzeugt wird, das in der Seele gespeichert wird. (Yogis befreien sich mit Hilfe bestimmter Atemtechniken von diesem Leid.)

Ich wollte einen Mittelweg finden, der über den alten Hindupfad zur Wahrnehmung der ätherischen Welten hinausgeht.

Das Wort *bardo* bedeutet Übergang jeglicher Art. Die Bardo-Zustände sind im *Tibetanischen Buch der Toten* als Schichten des Übergangs in ein neues Leben beim Tod beschrieben. Ich war entschlossen, das Bardo des Todes zu erfahren, solange ich noch am Leben war. Durch meine persönlichen Muster der Dunkelheit und die karmischen Komplexe der Psyche ging ich ein violettes Abenteuer ein. Mit dieser Absicht rief ich eine Kaskade von Erfahrungen herbei, die mich erschütterten. Danach folgte das violette Bardo. Um mein Bewußtsein zu transformieren, begab ich auf eine Achterbahnfahrt der Verführung, der Besessenheit, der Betäubung und der Leidenschaft, um in das letzte Bardo der Freiheit zu gelangen. Ich nahm von 1993 bis 1996 viele verschiedene pflanzliche Drogen ein und zeichnete die Erfahrungen in meinen Tagebüchern auf. Diese Pflanzen weihten mich ein und brachten mich dazu, meinem eigenen Schmerz und der Macht der Verführung und des Opfers gegenüberzutreten. Dadurch fand ich ein neues Verständnis in meiner Urteilskraft. Die persönlichen Geschichten des violetten Bardo sind niemals schmeichelhaft, aber sie erzählen aufrichtig davon, wie ich von der Liebe zur Macht zur Macht der Liebe fand.

Kapitel 5

Verführung und Ayahuasca

Websters Lexikon definiert das Verb verführen, im Englischen *seduce*, nach seinem lateinischen Ursprung als *se-*, »auseinander«, und *ducere*, »führen«, d.h. auseinanderführen.[1] Eine Freundin erzählte mir: »Da Pluto das Sternbild des Skorpions verläßt und in das Sternbild des Schützen eintritt, verschwinden jetzt die alten Muster der Verführung. Nach dem Tod deines Vaters ist es sehr wichtig für dich, diese machtvolle Lektion zu verstehen. Es ist *das* Hindernis auf dem Weg zur wahren Liebe.« Ich wußte aus eigener Erfahrung, daß sie recht hatte.

Viele Lehrer oder Autoritäten und Workshopleiter sabotieren sich leicht selbst durch Verführung. Die Berichte über Therapeuten oder spirituelle Lehrer, die ihre Klienten oder Anhänger verführen, sind zahllos und machen den Rausch der Macht deutlich. Eine große Zahl katholischer Priester ist durch sexuelle Fehltritte in den prüfenden Blick der Öffentlichkeit geraten. Es handelt sich um eine Form der Selbstsabotage, welche die Zerbrechlichkeit der Liebe zerstört, anstatt Intimität zu schaffen. Verführung wird häufig durch ein verzweifeltes Bedürfnis nach Geliebtwerden hervorgerufen.

Ich wollte von anderen Menschen geliebt werden, und dieses Bedürfnis nach Bewunderung begann, meine Arbeit zu zerstören. Bei der Heilungsarbeit muß die sexuelle Energie transformiert und darf nicht dazu benutzt werden, Menschen durch persönliches Charisma zu verführen oder ein Publikum zu manipulieren. Anstatt eine Gruppe in Harmonie zu bringen, wird sie durch unbewußte sexuelle Energie gespalten. Das Bedürfnis, von einer bewundernden Zuhörerschaft geliebt und angenommen zu werden, kann sowohl für den Lehrer als auch für den Schüler zu zwanghaftem Verhalten führen.

Die Verführungsmuster laufen zumeist unbewußt ab. Nach der Veröffentlichung meines ersten Buchs erhielt ich zahllose Anrufe von Frauen, die wissen wollten, wie groß ich sei, welche Haarfarbe ich hätte und ob ich noch ledig sei. Nach einem Workshop in Brasilien schickten mir mehrere Frauen Briefe, in denen sie erklärten, daß ich ihr »Seelengefährte« sei, und mich fragten, warum ich es nicht merkte. Einige Frauen wollten mich ganz für sich selbst haben und versuchten, mich von Dawn Eagle Woman, meiner Partnerin bei der Heilungsarbeit, wegzulocken. Viele Frauen behaupteten, daß sie meine Workshops besuchten, weil ich ihre »Zwillingsflamme« wäre.

Schließlich erkannte ich, daß ich dieses Verhalten bei anderen hervorrief, weil ich unbewußt Menschen mit meiner sexuellen Energie verführte und sie mit Projektionen darüber »einfing«, der ideale Gefährte für sie zu sein. Ich mußte die klare Absicht fassen, bei meiner Arbeit integer zu sein, und aufmerksam das Bedürfnis loslassen, Menschen um Liebe oder Aufmerksamkeit willen zu verführen. Sobald ich erkannt hatte, wie Verführung die wahre Essenz meiner Seele und meiner Arbeit untergrub, mir als ein Liebesersatz diente und mein Publikum zu totaler Projektion brachte, konnte ich beginnen, die alten Muster zu beenden.

Ich träumte von Orgien im alten Griechenland und erinnerte mich an den Schmerz der Zurückweisung in Beziehungen und meine Versuche, diesen Schmerz zu vermeiden. Mir fiel wieder ein, wie mein Vater, der bei uns im Haus ein Büro hatte, Frauen in seinen Therapiestunden behandelte, die von ihm besessen waren und schließlich gewalttätig wurden. Eine Frau hupte vor unserem

Haus im Auto, und als mein Vater herauskam, um mit ihr zu sprechen, zog sie eine Pistole hervor und zielte auf ihn. Die Polizei mußte sie überreden, ihre Waffe abzugeben und ihnen ins Krankenhaus zu folgen. Eine andere Frau kam in unser Haus und beschwerte sich schreiend über unsere Hunde und wie sie sie verfolgen würden. Sie sprach von ihrer Besessenheit in bezug auf meinen Vater. Wenn ich ans Telefon ging, waren oft Frauen am anderen Ende, die meinen Vater sprechen wollten und mir androhten, Selbstmord zu begehen, wenn sie nicht sofort mit ihm reden könnten.

Nach dem Tod meines Vaters begegnete ich diesen unbewußten Projektionen des Retters/Liebhabers/Vaters. Frauen projizierten auf mich, daß ich ein empfindsamer Gefährte, gutaussehend und herzorientiert war. Ich erkannte, daß ich den Archetyp des Verführers »ausstrahlte«, und suchte in meiner Seele nach diesem Loch, dieser »Undichte«, um sie zu verschließen. Ich wollte die verwirrte Energie loslassen, die ich als Kind aufgenommen hatte, während ich den zwanghaften Klienten meines Vaters ausgesetzt war. Ich fragte mich, was in seinem Wesen diese besonderen Erfahrungen angezogen hatte.

In allen meinen nächsten Workshops begann ich, mein Verführungsmuster und mein Bedürfnis, geliebt zu werden, offen zu verkünden, und sprach darüber, wie es mich untergrub. Dadurch bewegte ich die Verführungsenergie entlang meiner Wirbelsäule nach oben und wurde zu einem klaren Lehrer. Ich konnte mich nun dem Lehren in aller Tiefe zuwenden und brauchte nicht mehr zu versuchen, alle Bedürfnisse meiner Zuhörer zu erfüllen. Ich erkannte, wie meine Zuhörer für mich zu Mutterfiguren geworden waren und ich das mit ihrer unterdrückten Sexualität belastete Kind war. Ich hatte die Rolle des Moderators verloren und angefangen, mit meinen

Klienten ein gegenseitiges Abhängigkeitsverhältnis aufzubauen. Ich wollte, daß meine Zuhörer ein Bedürfnis in mir erfüllten, und dies führte statt zu Liebe zu mehr Verführung und Gefühlen von Betrogensein.

Mein Verführungsmuster wurde mir in Peru schließlich vollständig bewußt. Nach dem Tod meines Vaters brauchte ich Zeit, um ihn zu betrauern und loszulassen, aber es dauerte noch länger, mich über seinen Verlust zu grämen. Der Kummer um einen Verstorbenen erfüllt einen Mann und Sohn vollständig, und ich war dabei, die Vergangenheit und das alte Leben zu betrauern. Ich hatte das Gefühl, daß ich selbst ein Vater, ein verantwortlicher Mann werden mußte. Ich begann, über Krankenversicherung, Altersversorgung, Investmentfonds, Sicherheit und eine Familie nachzudenken. Doch meine Trauer kam zu kurz, und ich fing an, mich durch Arbeit in Verleugnung zu verlieren.

Ich hatte eine Tour zu den heiligen Stätten von Peru geplant. Drei Jahre lang hatte ich schamanische Reisen an den peruanischen Amazonas geleitet und abgelegen wohnende Stämme im Landesinneren besucht. Ein peruanischer Schamane hatte mich in den Gebrauch von Ayahuasca eingeführt. Dieser bestimmte Ayahuascero hatte sein eigenes Rezept für die Kombination der Kletterpflanze (welche die Grundlage von Ayahuasca bildet) mit den Blättern der Chicha-Pflanze. Ich lernte, wie diese Mischung dabei half, eine Art Meskalin für tiefere schamanische Arbeit zu aktivieren.

Gesänge sind ein integraler Bestandteil der Zeremonie zur Einnahme von Ayahuasca, und diese heiligen Lieder, die sogenannten *Icaros*, spielen eine transformative Rolle. Für die echte Ayahuasca-Erfahrung ist es wesentlich, eine Folge von Icaros zu hören, die von den Schamanen während der ganzen Zeremonie gesungen werden. Diese Lieder sind Generationen alt und werden von den Ältesten an Lehrlinge weitergegeben. Einige Icaros haben sie direkt von den Geistern gelernt, denen sie während der Ayahuasca-Zeremonie begegnet sind. Jeder Icaro ruft einen bestimmten Geist oder eine Gruppe von Geistern herbei, die als Vehikel zu anderen Welten, Zeiten und Dimensionen dienen.

Ich habe Lieder von Gebäuden gehört, durch die ich direkt in Inka-Tempel transportiert wurde. Ich habe Bootslieder, Jaguarlieder und Lieder der Anakonda gehört. Jedesmal wurde eine Heilung oder eine Umgebung für den Kontakt mit anderen Dimensionen des Regenwaldes geschaffen. Viele Teilnehmer bei diesen bahnbrechenden Expeditionen hatten ähnliche Erfahrungen, die sie jedoch aus anderen Blickwinkeln machten. Die Icaros stabilisieren und leiten die Reisen der Pflanze. Sonst kann das Einnehmen von Ayahuasca gefährlich sein und zu einem wilden, wirbelnden und oftmals furchterregenden Abenteuer für die Unvorbereiteten werden.

Ayahuasca, wie es in der Sprache der Quecha-Indianer genannt wird, wird eingenommen, um in die Welt der Geister sehen zu können. Es führt zu Visionen, die von der psychoaktiven Kletterpflanze *Anisteriopsis* kommen, die mit einer anderen Pflanze gemischt wird. Das Getränk wird von den Schamanen dazu verwendet, die Ursache von Krankheiten zu identifizieren und diese mit Hilfe der Pflanze zu heilen. In den letzten Jahren hat es bei Anthropologen, Ethnobotanikern und spirituellen Forschern, die sich auf Reisen in die Dschungelgebiete von Equador, Peru und Brasilien aufmachten, ein aufblühendes Interesse an psychoaktiven Drogen gegeben. Brasilien zum Beispiel hat zwei eigenständige Ayahuasca-Religionen, die Santo Daime und Unaio de Vegetal heißen und große Anhängerschaften sowie ausländische Mitglieder haben.

Viele Westler gehen nun im Umgang mit dieser pflanzlichen Droge jahrelang in die Lehre. Die Neugier brachte mich zu dieser Pflanze und nach Peru.

Wir beginnen die Zeremonie in der Nacht, und die ganze Stadt verhält sich in dem Wissen um das bevorstehende Ritual still. Unter dem Einfluß des Getränks haben viele Teilnehmer Geräusche gehört, die eine Meile oder sogar noch weiter entfernt im Dschungel entstanden waren. Ich trinke normalerweise nur ein Drittel einer Tasse. Andere in der Gruppe trinken bis zu dreieinhalb Tassen. Nachdem alle getrunken haben, beginnen die Schamanen, an bestimmten Personen zu arbeiten, indem sie die Icaros singen und Tabakrauch über die Hypophyse und die Zirbeldrüse blasen und beten. Sie saugen außerdem durch Atemtechniken Geister aus unseren Körpern. Bei geschlossenen oder offenen Augen treten vielfarbige Visionen außergewöhnlicher Klarheit auf und ein bizarres Schillern von irisierenden Farben wie Lindgrün, knalligem Rosa und Silber. Geometrische Muster bilden sich an den Kanten der meisten Visionen, wiederholen sich beständig und gehen ineinander über. Die Wirkung ist wie die eines rauschenden Flusses aus Bildern - wie ein Kaleidoskop, das Tiere des Dschungels, religiöse Symbole aus vielen Traditionen und phantastische Landschaften aus anderen Welten zeigt.

Unter dem Einfluß von Ayahuasca erkannte ich, wie rein mein Körper war. Bei mir reichte weniger als ein Drittel einer Tasse für siebzehn Stunden Visionen aus, die innerhalb von fünfzehn Minuten begannen, nachdem ich das Getränk eingenommen hatte. Mir wurde außerdem klar, daß ich Ayahuasca nicht benötigte, um hellsichtig zu sein. Diese Pflanze ist für diejenigen, die keine intensive Yoga- und Tantra-Arbeit gemacht haben. Sie wirkt als Verstärkung für Menschen, die nicht leicht sehen. In meinem alltäglichen Bewußtsein fühle ich mich nicht besonders »dicht«, und Ayahuasca war zu stark, zu machtvoll für mich. Die Bilder schrien mich regelrecht an.

Einmal sprach die Pflanze auf eine telepathische Weise sofort zu mir. Ihr Geist, der sowohl weiblich als auch männlich ist, erklärte mir, wie ich die Pflanze in anderen Leben benutzt hatte und daß ich in jenen Leben mit vielen meiner heutigen Schüler zusammen war. Die Pflanze stellte mich im Verlauf der Reise diesen Menschen vor. Danach versuchte sie, mich zu verführen, um mir meine eigenen Verführungsmuster deutlich zu machen. Zuerst verwandelte sich die Pflanze in eine Frau, und als sie damit keinen Erfolg hatte, versuchte sie, mich als Mann zu verführen. Wie ein Wahrheitsserum begann die Pflanze mir zu zeigen, wie sexuell ich geworden war. Die Pflanzenfrau war eine Liane mit einem Duft und einer riesigen Aura der Liebe. Sie umgab mich und erinnerte mich daran, daß ich nicht für jeden Menschen alles sein mußte. Sie versprach mir, daß ich, wenn ich mit ihr schlafen würde, ein Ayahuascero werden würde. Ich erwiderte, daß mich niemand zwingen könne, irgend etwas gegen meinen Willen zu tun.

Die Pflanze zeigte mir die Zerbrechlichkeit meiner Persönlichkeit und, daß sie immer noch relativ unreif in ihrer Egoentwicklung ist. Sie sagte, daß das Zeitalter des Kali-Yoga zu Ende war und wir uns mitten in einem spirituellen Erwachen unserer gesamten Spezies durch die Herzentwicklung der Persönlichkeit und des Egos befanden. Sie war der Meinung, daß ich einen starken Sinn für meine Identität entwickeln mußte und daß das Ego hilfreich war, solange ich seine Grenzen kannte. Sie wies mich an, durch das reflektierte Licht der emotionalen, lunaren Natur zu einem Sonnenwesen zu werden. Dann wurden mir die Mondphasen und ihre Wirkung auf die

Drachenströme der Erde gezeigt. Sie enthüllte das innere Wirken des emotionalen Körpers als Phasen der Mutter.

Sie erklärte mir, daß mein überbewußtes Selbst als eine hybride Seele auftauchte, die die bewußte Persönlichkeit in der Welt und das größere Selbst umfaßte. All dies diente der Ausbildung in der Wahrnehmung. War ich bereit, mein Bedürfnis nach Verführung loszulassen, um weiter auf dem Weg des wahren integrierten Selbst zu gehen?

Ich sprach mental zu ihr und ließ es los. Sie sagte, daß ich durch die Intervention meines Vaters eine Person getroffen hätte, die ich mein Leben lang lieben würde. Sie sagte, daß es sich um eine Wassermann-Beziehung mit einer neuen Gleichheit in erwiderter Liebe handeln würde und daß wir uns gegenseitig in der Unabhängigkeit unseres Geists unterstützen würden. Sie erklärte mir, daß ich lernen würde, die Bande der Unsicherheit zwischen uns zu durchtrennen. Ich mußte in Liebe lernen, unabhängig und emotional selbständig zu sein. Sie zeigte mir, wie Verliebtheit Schnüre der Abhängigkeit - energetische Verbindungen - zwischen Liebenden erzeugt und daß ich mir meiner Unsicherheit im Hinblick auf Zurückweisung bewußt werden mußte. Um die emotionalen Schnüre zu durchtrennen, die mich auslaugen und meine Lebenskraft aussaugen, darf ich meine Seele und meine Identität in der Liebe nicht aufgeben.

Dann hatte ich unter dem Einfluß von Ayahuasca eine Offenbarung. Ich begann zu fühlen, daß das Schicksal der Erde auf komplizierte Weise mit den Mondzyklen verbunden ist. Die Pflanze zeigte mir, wie der Mondzyklus die Evolution von Säugetieren, Reptilien und Vögeln spezifisch beeinflußte. Der Mensch wurde vor den Pflanzen und Tieren in einem göttlichen Bild, einem ätherischen Körper anstatt einem physischen Körper, zuerst empfangen. Wir waren daher bei der Evolution die Letzten. Wir hatten immer noch keine festen Körper, als die Reptilien, andere Säugetiere und Vögel Form annahmen. Wir waren wie eine sich ständig ändernde Wetterlage emotionaler Zustände. Zu dieser Zeit formte sich der Astralkörper oder emotionale Körper durch Gefühle und Empfindungen. Während des Paläozoikums und des Mesozoikums bildeten sich die ätherischen Körper der Menschen als Muster vom Mond. Wir wurden aus Äther erschaffen und wurden erst später zu Fleisch, Knochen und Blut. Das Blut trägt die Erinnerung an die ätherische Blaupause unseres Werdens.

Ich sah, wie die astralen oder emotionalen Körper unsere physischen Körper als einen Urdrachen, eine vogelähnliche Kreatur oder ein Säugetier bewohnten. Ich sah, wie dies mit der Clanzugehörigkeit in Stämmen zusammenhing. Das Rückgrat und der Hirnstamm sind Reste der Reptilnatur, des Drachen. Sie sind für unsere Instinkte und unbewußten Impulse verantwortlich.

Michael Harner stellte sich in seinem bahnbrechenden Buch *Der Weg des Schamanen* ebenfalls dem Drachen. Er traf auf einen Drachen, der sich rühmte, der Herr der Welt zu sein. Auf meinen eigenen schamanischen Reisen wurde ich nicht vom Drachen verführt, sondern sah statt dessen, daß die Erde meine Zeugin war und der Herr der Illusion mein Schicksal nicht kontrollieren konnte. Ich mußte den Drachen nicht töten oder überwinden, sondern konnte einen Verbündeten aus ihm machen, um die Illusion zu durchschauen. Ich mußte lernen, Gefühlen zu vertrauen und bewußt daran zu arbeiten, meine Gefühle auf den Mondzyklus abzustimmen: Dadurch würde ein Hormon in meine Hypophyse abgegeben. Die Ayahuasca-Pflanze sagte, daß der Kolibri mein Führer zum Nektar des Mondelixiers in den Sekretionen der Nerven meines Gehirns sei. Ich mußte dem Drachen die Hand reichen. Wenn ich aufhörte, auf unbewußter Ebene zu verführen, würde ich nicht von der Illusion - von Rudolf Steiner *Kamaloca* genannt - verführt werden. Ich mußte emotional flexibel, ein Krieger im Geist sein und mein wahres Selbst nicht nur in Träumen, sondern mit offenen Augen erkennen.

Die Pflanze erklärte mir, daß ich drei Prüfungen zu bestehen hatte, um meine Stärke zu gewinnen. Die erste bestand darin, daß ein dunkler Schamane, der mein Licht erkannt hatte, in meinen Körper eindringen würde. Ich würde die Hilfe einer Hunting Lodge* - einer Gruppe von Seelen, die mich von dem dunklen Geist befreien würde - benötigen, um mit bösartigen Geistern und Wesenheiten umzugehen. Dies ist eine Zeit der Abrechnung, wenn alle Lügen, alles, was zurückgehalten wird, alle Geheimnisse und alle Heucheleien offenbart werden. Wir müssen als Spezies aufhören, uns bezüglich unseres Werts anzulügen.

Die zweite Prüfung würde für mich darin bestehen, mein Verführungsmuster auf klare Art zu konfrontieren. Sie würde in Form einer Frau kommen, die die Verführerin spielen würde, um mir beim Erkennen des Musters zu helfen. Sie würde sich wie die Ayahuasca-Pflanze verhalten, sich selbst als Drachen bezeichnen und meine Arbeit stören. Dabei würde sie mir eine grundlegende Lektion über zwanghafte Sexualität erteilen. Sie würde dies als Geschenk für unser beiderseitiges Erwachen tun.

Bei der dritten Prüfung würde es um finanzielle Probleme, Energie, Lehren und Bescheidenheit gehen. Konnte ich die Reife annehmen, ein Lehrer zu sein, und gleichzeitig ausgeglichen bleiben und mich nicht zum

* A. d. Ü.: Engl.: Jagdloge

dritten Mal mit Verführung sabotieren? Die Verlockungen von Geld, Religion und Sexualität - die wichtigsten Themen, auf die sich äußere Macht konzentriert - können in eine Suche nach Liebe und Freiheit transformiert werden, indem ich mein wahres Selbst lebe - allein oder mit einem anderen Menschen in einer Beziehung.

Es war eine Art Schocktherapie. Jedesmal, wenn der Ayahuascero die Icaros sang, setzte die Pflanze aus meinen Eingeweiden einen riesigen Strom an Flüssigkeit zu meinem Herzen und meinem Gehirn frei. Es kamen weitere Visionen, die mich über siebzehn Stunden intensiv reisen ließen. Nachdem die Icaros aufgehört hatten, wurden die Visionen deutlich schwächer, und ich kam allmählich, wie in einem langsamen Gleiten, zur Erde zurück.

Die Pflanze warnte mich, daß der dunkle Schamane aufgrund meiner Unkenntnis von Ayahuasca in diesem Leben in meinen Körper eingedrungen war. Um mich selbst bei dieser Art der außerkörperlichen Erfahrung ausreichend zu schützen, hätte ich aufmerksamer und wachsamer sein müssen. Außerdem erklärte mir die Pflanze, daß ich von diesem Schamanen in einem anderen Leben verführt worden war und daß ich meinen eigenen Verführungszyklus als Schamane mit meinen Patienten aus anderen Leben beenden mußte. Dies war mein Verführungs-Karma.

Nur wenn ein Mensch einen Moment lang seinen Körper verläßt, können eine andere Person oder ein Geist darein eindringen. Der dunkle Schamane bewohnte nun meinen Körper, und ich konnte ihn durch meinen Mund sprechen fühlen. Ich lernte, ihn zu unterdrücken. Durch aktive Meditation versuchte ich ihn dazu zu bringen, meinen Körper zu verlassen, aber ich brauchte eindeutig die Hilfe und Unterstützung anderer Menschen dazu. Ich hatte versucht, meine Freunde auf der Expedition zu beschützen, während sie unter dem Einfluß von Ayahuasca reisten, und in der Zwischenzeit hatte ich meinen eigenen Körper nicht vor Attacken und Besetztwerden bewahrt.

Ich war von der pflanzlichen Droge erschöpft und schlief stundenlang. Ich erholte mich am Ende des nächsten Tages beinahe unmittelbar mit einer seltsamen Vitalität. Viele Menschen in der Gruppe, die ich nach Peru gebracht hatte, schliefen einfach nur, während andere nach dem Einnehmen des Pflanzensaftes lebendige Bilder sahen. Wir kamen zusammen, um unsere Reisen zu besprechen. Einige erinnerten sich an eine zwölf bis fünfzehn Stunden dauernde Insektenmetamorphose. Nur wenige hatte eine Katharsis mit Übergeben oder Bildern von verdrängten Erinnerungen an Mißbrauch in der Kindheit erlebt. Einige Teilnehmer hatte schöne, ruhige und friedliche Reisen mit aktiven Abenteuern in vielen Farben erfahren. Nach vielem Grübeln entschloß ich mich, Ayahuasca nicht mehr einzunehmen. Die drei Prüfungen der Pflanze warteten immer noch auf mich.

Im Tempel des Mondes auf der Insel des Mondes im See Titicaca im heutigen Bolivien, wurde ich Zeuge eines bemerkenswerten Ereignisses. Unsere Reisegruppe saß im Kreis, während ein Inka-Mann in Dankbarkeit sang und ich Zeuge einer *Despacho*-Zeremonie der Inkas wurde. Ich sah mit offenen Augen, wie der Mond aus dem Himmel auf unseren Kreis herabfiel und über unseren Körpern in eine Million Lichtpartikel zersprang. Ich fühlte mich mit dem Mond verwandt.

Der Mond würde mir helfen, angemessene Liebe zu finden und mich selbst zu achten. Bei der Verführung geht die Selbstachtung verloren, und die Grenzen sind auf seltsame Weise verschwommen. Ich wollte mir selbst und anderen dabei helfen, über ihre Projektionen von mir hinauszublicken, um die wahre Liebe in ihnen zu erkennen. Ich war nur ein Spiegel für ihre Selbstliebe. Ich dankte der Ayahuasca-Pflanze, erklärte ihr jedoch, daß ich nicht ihr Lehrling werden würde. Ich war zu offen, zu sensibel, und es war nicht richtig für mich. Ich war für ein allmähliches Erwachen zur Erleuchtung bereit. Mein Bedürfnis nach schnellen Visionen war vorüber.

Kapitel 6

San Pedro

Viele Schüler haben mich gefragt, warum ich Ayahuasca, *sanango*, Peyote oder den San Pedro genannten Kaktus erforscht habe. Ich antworte ihnen üblicherweise, daß dies Teil meiner Ausbildung zu einer bestimmten Zeit in meinem Leben war und daß es mir genutzt hat: Ich mußte auf schwierige Weise lernen, daß dies für mich nicht der richtige Weg war. Der Prozeß der spirituellen Entwicklung wird durch die Einnahme psychoaktiver Pflanzen beschleunigt, wobei weniger Zeit für das Verarbeiten der vollständigen, subtileren Bedeutungen der Reise bleibt. Ich war außerdem zu offen und empfindsam und konnte viele Bewußtseinszustände ohne diese Pflanzen erreichen.

Ayahuasca ist auch als *yaje*, *natema* und *Daime* bekannt. Es wird meist aus der Kletterpflanze *Baniteriopsis caapi* und den Blättern der Spezies *Diploterys* hergestellt. Ayahuasca wird seit Jahrhunderten im Amazonasgebiet und in ganz Südamerika verwendet. Zeitgenössische Schamanen und Curanderos benutzen Ayahuasca immer noch zur schamanischen Divination und bei Heilungszeremonien. Das hochgradig psychoaktive DMT und andere Tryptamine, die in weiteren Pflanzen enthalten sind, verursachen seine Wirkung.

Ich habe Ayahuasca nur unter der Anleitung erfahrener Schamanen in traditionellen Ritualen eingenommen. In Brasilien führt der Ayahuasca-»Kult« Santo Daime den Kolibri als eines seiner wichtigsten Symbole. Meine Arbeit bestand darin, die Kolibrimedizin und ihre möglichen Vorteile zu entdecken. Ich halte außerdem spezifische

Reinigungsdiäten ein, die aus Bananen, Fisch und Reis bestehen und bei denen Zucker, Salz, Gewürze und Fleisch verboten sind. Außerdem beschränke ich meine sexuelle Aktivität, um die Erfahrung spezifisch zu fokussieren und zu erweitern.

In Peru traf ich einen Schamanen namens Augustine, der mich in der Einnahme von San Pedro unterwies, einem Kaktus, der ein warmes, somatisches Gefühl im Körper, einen liebevollen Frieden und Wohlbefinden sowie gelegentliche Visionen erzeugt. Er wächst in Peru ebenso wie an vielen anderen Orten in Süd- und Mittelamerika und dem Südwesten der Vereinigten Staaten. Er ist weit verbreitet, überall erhältlich und hat eine sanfte Wirkung. Augustine war ein Alkoholiker, der einen Schamanen traf, welcher San Pedro benutzte, und seine Abhängigkeit war nach einer Sitzung geheilt. Er war davon tief beeindruckt und lehrt nun in spezifischen Zeremonien, wie dieser Kaktus benutzt wird. Augustine hilft vielen Süchtigen dabei, von Drogen und vom Alkohol loszukommen.

Um die Wirkungen von San Pedro bei Heilungen zu beobachten, arbeite ich mit Augustine in Peru in zwei separaten Gruppen, die über die Zeit von einem Jahr beobachtet wurden. Die erste Gruppe von zwanzig Leuten nahm das Kaktusgetränk in Form eines Tees ein. Die Schamanen kultivieren den Kaktus und beten mit ihm, bevor er gepflückt und eingenommen wird. Der gesamte Kaktus wird als Grundlage für den Tee zermahlen. Unsere Gruppe befand sich in Winay Wayna auf dem Inka-Trail in der Nähe von Machu Picchu. Wir schliefen draußen in unseren Schlafsäcken, um uns vor den anfänglichen Kälteschauern im Körper kurz nach Einnahme der Pflanze zu schützen.

Die erste Tasse wurde herumgereicht, und es wurden

Gebete zum Geist der Pflanze gesprochen, um die Erfahrung zu regulieren und auszugleichen. Alle waren ruhig, in meditativer Stimmung und zentriert. Ich hatte Erinnerungen an Eleusis in Griechenland und den Becher mit Met, der den Eingeweihten gereicht wurde, sowie an die Sanftheit der Peyote-Tipi-Zeremonien, wenn zur Erhebung des Geists alle Lieder ganz korrekt gesungen werden. Ich verstand die Rolle der Pflanzensubstanzen und sogar die der Blütenessenzen, Tinkturen und Elixiere. Ich wollte eine geerdete Spiritualität leben, eine Verbindung zu den Königreichen der Pflanzen und Tiere, die auf der Erde beruhte. Nachdem ich die Kunst des Verfolgens von Tieren und des richtigen Sammelns, Kultivierens und Verwendens von Kräutern zu bestimmten Mondphasen gelernt hatte, wollte ich Pflanzen und ihre Rolle bei der Heilung, dem Erwecken der Spiritualität mit einem klaren Fokus und einer klaren Absicht studieren. Schutz ist dabei wesentlich.

Bei meiner ersten Erfahrung mit San Pedro überkamen mich fröstelnde Schauer und danach eine Wärme, die meinen ganzen Körper durchlief, während ich in eine Höhle im Crystal Mountain in der Nähe von Winay Wayna ging. Beim Eintreten verbeugte ich mich vor einem Altar und wurde vom Wächter der Schwelle in das klare Sehen der Lichtwelten eingeweiht. Ich hatte außerdem einen dynamischen Einblick in Körperarbeit, die ich später an anderen durchführte, während ich noch unter dem Einfluß der Droge stand. Ich verließ niemals meinen Körper, wie ich es mit Ayahuasca getan hatte, sondern blieb vollkommen darin verankert und spürte jede Empfindung körperlich.

Wenn ich Ayahuasca einnahm, kamen mir bei offenen oder geschlossenen Augen Visionen. Mit San Pedro konnte ich die Visionen kontrollieren und meine Augen öffnen, um sie zu unterbrechen - bis auf ein Mal, als ich mich von der Gruppe entfernte, um mich zu erleichtern. Der Schamane schickte mich zu einem abgeschiedenen Bereich der Ruine. Ich ging einige Schritte vorwärts und hatte eine bemerkenswerte Vision.

Dort stand etwas, was ich für einen lebendigen Kachina, einen Geist von den San-Francisco-Berggipfeln in Arizona hielt, der nur für die Hopi, Zuni und andere Indianernationen herabsteigt. Ich stand einem uralten Geist Angesicht zu Angesicht gegenüber, der über eine starke Oberkörpermuskulatur verfügte und kurze Beine hatte. Sein Gesicht veränderte sich ständig, wie ein Hologramm aus vielen zusammengesetzten Kachinas. Er betrachtete die Sterne mit Zuneigung und Mitgefühl, und ich fühlte mich unbeschwert, doch fasziniert von seiner Heiterkeit und Schönheit.

Er war ein uralter Wächter, ein echtes Geistwesen, das sich umblickte und mich direkt ansah. Er bewachte auch Winay Wayna und war an diesem Abend der Torhüter für unsere Gruppe. Ich konnte ihn mit offenen Augen und in vollkommen bewußtem Zustand in dem glänzenden Sternenlicht über unseren Köpfen sehen. Dreißig Minuten lang beobachtete ich ihn und prägte mir jede Einzelheit seiner Form, Größe und seiner Masken ein. Ich begann, Gefallen an seiner sich ändernden Form zu finden, und fühlte mich auf unbeschreibliche Weise mit seinem Geist verbunden. Daß wir diesen Planeten mit so vielen Geistwesen teilen, war eine expansive Einsicht, die mir bei klarem Kopf kam.

Dann rief ich eine Frau aus der Gruppe zu mir, die behauptete, keinen erhöhten Bewußtseinszustand zu erleben. Sie war ruhelos und hatte das Gefühl, San Pedro würde bei ihr nicht wirken. Ich nahm sie an die Hand und sagte ihr, daß ich ihr etwas zeigen wolle. Sie ging zum Außenbereich des Tempels, wo ich gestanden hatte, und sagte: »Was? Ich sehe nichts.« Ich wies sie an, ihre Augen nach rechts zu fokussieren und auf das zu blicken, was auf dem Stein saß. Sie fiel beinahe zu Boden. Ihre Augen paßten sich an, und sie fing an zu weinen. Dies war für sie real. Sie wurde von Mitgefühl für diese große, seltsame Kreatur überwältigt. Der Geist sah sie an und blickte dann wieder weg, den Himmel betrachtend. Sie fühlte sich unmittelbar mit Peru und seinen Geheimnissen verbunden und war für immer verändert. Anschließend lösten sich ihre Depressionen, und sie fühlte sich verwurzelt. Sie konnte außerdem ihre Trauer über den Tod ihres Manns loslassen.

Keine Statue der Naturgötter kam dem nahe, was ich mit ihr erfahren hatte. Das Gefühl war eine Verwandtschaft mit einem anderen empfindsamen Lebewesen, das zuvor für meine Augen unsichtbar gewesen war. Ich dankte San Pedro für dieses Geschenk und habe es niemals vergessen.

Bei meiner zweiten Erfahrung mit San Pedro war ich mit einer anderen Gruppe unterwegs, die sich einer Höhle im Urubamba-Tal von Peru näherte, die mit dem eingeritzten Symbol einer Schlange geschmückt war. Der Schamane wies uns an, in einem Kreis vor dem Eingang der Höhle im hellen Tageslicht zu sitzen. Während der San Pedro zu wirken begann, ging jeder von uns mit geschlossenen Augen in die dunkle Höhle, wobei wir eine Hand über das Relief der Schlange in der Höhlenwand gleiten ließen. Ein Mann aus unserer Gruppe, Andy, spielte Didgeridoo, und ich sang, um unsere Erfahrungen zu begleiten. Ich wurde mit der Pflanze und ihrer freundlichen, sanften Art vertraut.

Meine erste und einzige Vision dort handelte nicht von Peru, sondern von Tibet. In ihr ging ich durch die Berge zu einer Höhlenbrücke und wurde dort von einem alten Lama begrüßt. Er erklärte mir, daß ich einen Namen in Shamballah habe und daß ich ihre Zuflucht betrat. Ich verbrachte drei Stunden in Shamballah mit Gartenarbeit, Meditation, Studien in der Bibliothek und Gesprächen mit verschiedenen Menschen. Ich fühlte mich als Teil einer Familie, einer Erinnerung. Der Lama beschrieb einen Ort in den Anden, der Amara-mu-ru heißt und im Tal des Blauen Mondes liegt, das auch das Tal der Sieben Strahlen genannt wird. Er bemerkte, daß er einen ähnlichen Zweck wie Shamballah habe und daß er für die Zeit vorbereitet wurde, wenn die Menschen sich ihrer Natur bewußt werden und ihre solare Essenz sehen können. Wir sprachen im Detail über Patanjali und die Yoga-Sutren, und ich erkannte, daß die Zirbeldrüse in meinem Körper ein schrumpfendes Überbleibsel eines Organs ist, das sich in atlantischen Zeiten ursprünglich oben auf unserem Kopf befand und jetzt auf eine kleine, erbsenförmige Drüse im Zentrum des Gehirns geschrumpft ist. Der Lama half mir dabei, die Zirbeldrüse flexibel zu machen und sie von ihrer Einhüllung zu lösen.

Nachdem ich zurückgekommen war, träumte ich in der Nacht davon, die Innere Erde an vier verschiedenen Orten zu betreten. Einer davon lag in Peru in der Nähe eines Stammes, einige Stunden Fußmarsch von Iquitos entfernt. Es gab dort tatsächlich einen großen Höhleneingang. Mir wurde in der Iquitos-Sprache von einem Mann namens Archimedes erzählt, der die Dunkelheit der Höhle erfolgreich durchwandert und auf die Zivilisation der Inneren Erde getroffen war. Er brachte spezifische spirituelle Steinblöcke zusammen mit Steinen und Kristallen mit sich zurück, die man zuvor noch nicht auf der Erdoberfläche gesehen hatte.

Ich hatte von dem Versuch eines japanischen Fernsehteams gehört, dieses spezielle Portal in der Erde zu finden. Nach einer Stunde des Umherirrens in der völligen Dunkelheit unter Ratten, Spinnen und Würmern, gerieten sie in Panik, und ein Mann beging Selbstmord, indem er sich von einem Sims stürzte. Die Höhle wurde von himmlischen Wesen schwer bewacht, damit kein Unbefugter sie betrat, und war daher für Uneingeweihte gefährlich. Die anderen Mitglieder der Expedition hatten ebenfalls »Unfälle« und Anfälle von Wahnsinn. Archimedes überlebte und half einem Mann in Iquitos dabei, eine Klinik zu eröffnen, in der 78 Kräuter verwendet wurden. Einige davon wuchsen am Amazonas, andere auf der ganzen Welt, und sie konnten Krebs und Aids heilen. Ich besuchte die Klinik und trank von ihrem Kräutertrank zur Stärkung des Immunsystems. Außerdem genoß ich die Bäder, die sie dort anboten.

Ich träumte auch von Tibet und einer unterirdischen Stadt in der Nähe des Potala-Palasts, sowie dem Uralgebirge in Rußland. Am Mount Shasta in Kalifornien gibt es ebenfalls zwei unterirdische Städte. Der Amazonas besitzt verschiedene Tore, und die heilige Höhle der Xavante-Indianer war ein sehr wichtiger Eingang für Mato Grosso, Brasilien und die Zukunft.

Es werden Geschichten über die vielen Eingänge zur Inneren Erde im Amazonasgebiet erzählt. Der Xavante-Name bedeutet »Wächter«. Tserete hatte mir erklärt, daß sein Stamm als Wächter eines Eingangs zu einer inneren Zivilisation diente, die spirituell sehr weit entwickelt war. Der Höhleneingang ist jetzt versperrt. Es ist nicht der richtige Zeitpunkt, um physikalisch in die Höhle einzutreten.

Das Tal des Blauen Mondes hat einen Eingang in der Nähe von Puno in Peru. Jene zweite Gruppe folgte einer Leylinie, die wie eine riesige Anakonda eine halbe Meile lang aus der Erde hervorstand, bis zu einer Reihe von

Felsformationen, die eine alte Schöpfungsgeschichte erzählten. Am Ende des Marschs fanden wir eine perfekt ausgeschnittene Tür in der Felsseite eines steilen Hügels. Die Tür hatte riesige Ausmaße und war für einen Riesen gebaut. Es gab einen Ort, an dem man Gaben für Pachamam oder Virachoca darbringen konnte.

Es sah nach einer alten Transportmethode aus. Wir standen vor dem Stein und konnten das Tal der Sieben Strahlen betreten. Ich fühlte, wie mein ätherischer Körper durch die Tür in Amara-mu-ru eintrat. Ich wollte lernen, wie ich meinen ganzen Körper an diesen Ort bringen konnte, und die Folgen erleben.

Kapitel 7

Bolivien

Khalil Gibran hat geschrieben: »Euer Schmerz ist das Zerbrechen der Schale, die euer Verstehen umschließt.«[1] Ich wußte, daß Chiron mich zu diesem violetten Bardo geführt hatte, damit ich gezwungen war, mir das anzusehen, was mir an mir und anderen am meisten mißfiel. Chiron ruft uns alle auf, unsere Aufgeblasenheit aufzugeben und unser trügerisches Gefühl der Unsterblichkeit zu opfern. Nach meiner Reise nach Peru entschloß ich mich, eine kleine Stadt in Bolivien zu besuchen, die für ihre lokalen Schamanen und Zauberer bekannt war. Dort lernte ich vieles über Opfer.

In vielen Traditionen gibt es Tieropfer, und in Bolivien und Peru gehören sie zur üblichen schamanischen Praxis. Die christliche Eucharistie ist ein Beispiel für ein symbolhaftes Menschenopfer. In der katholischen Kirche »essen« die Gemeindemitglieder das Fleisch und das Blut Christi. Hier bringt uns das Opfer auf greifbare Weise Christus näher. Jedes Opfer stellt eine Kommunikation mit den numinosen Welten des Geists dar, damit eine Heilung oder ein größeres Bewußtsein der Verbundenheit aller Lebewesen herbeigewührt werden kann. Wir werden auf gewisse Weise in ein neues Gleichgewicht gebracht, wenn ein Teil von uns zugunsten des Ganzen geopfert wird. Ich mußte mein eigenes aufgeblähtes Bild vom Schamanismus in Bolivien opfern. Ich gab meine naiven Ideen darüber auf, mich außerhalb von mir selbst an Schamanen oder sonstige Personen zu wenden, um Antworten zu erhalten. Ich mußte aufhören, Schamanen und eingeborene Heiler zu verherrlichen und auf eine Art Podest zu stellen. Ich mußte lernen, bescheiden zu sein. In diesem Fall mußte meine aufgeblasene Einstellung zugunsten der Ganzheit und der Wiederherstellung meiner Reisegruppe geopfert werden.

1995 führte ich eine Tour durch Peru und Bolivien. Unsere Erwartungen, machtvolle Schamanen in Bolivien zu treffen, wurden, wahrscheinlich durch unser Bedürfnis, es mit spirituellen Erfahrungen zu übertreiben, durchkreuzt. Dies ist ein kurzer Bericht über unseren Aufenthalt in einer merkwürdigen Kleinstadt voller Zauberer.

In Charazani, in Bolivien, lebt ein einfacher Mann, der mit seiner Frau und seiner Familie Kartoffeln gart und schamanische Rituale mit der Kakaopflanze durchführt. Ein Führer brachte uns zu seinem Dorf, das für seine Medizinleute berühmt ist. Die Stadt besitzt primitive heiße Quellen und Unterkünfte und stellt schöne handgearbeitete Decken und Stoffe her. Ich brachte eine Gruppe von Personen auf einer Pilgerreise hierher, damit sie die Praktiken der Eingeborenen kennenlernten.

Während wir nachts zu dem Haus des Schamanen geführt wurden und im Dunkeln einen kleinen Bach überquerten, hatten wir große Erwartungen an die versprochene authentische Zeremonie, die wir sehen sollten. Das Haus des Schamanen war von Kerzen erleuchtet. Es war spärlich, jedoch in Erwartung unserer besonderen Ankunft sauber und ordentlich hergerichtet.

Zuerst zog er Kakaoblätter bezüglich bestimmter Probleme, die unsere Gruppe haben könnte, und unseres Vorgehens zu Rate. Die Blätter zeigten nur eine Schwierigkeit. Er reichte Kakaoblätter zum Kauen herum und wies uns an, ein halbes Dutzend auf einmal zu kauen. Dann reichte er einige wenige Zigaretten zum Rauchen herum. Die meisten von uns rauchten nicht oder mißbilligten es, aber wir verhielten uns höflich und zogen in der Hoffnung an den Zigaretten, daß es die Zeremonie bereichern würde. Als nächstes reichte er 99prozentigen Alkohol in einer Muschel herum. Die meisten von uns tranken keinen Alkohol (viele hatten Treffen der Anonymen Alkoholiker besucht), aber wir befanden uns in einer Zeremonie und verhielten uns dementsprechend. Der Alkohol schmeckte wie Weingeist, und viele der Teilnehmer begannen zu würgen und zu husten.

In der peinlichen Stille reichte er dicken roten Wein herum. Wir nahmen kräftige Schlucke aus dem Krug, wiederum in dem Bemühen, uns diesen Riten gegenüber höflich zu verhalten, und in der Hoffnung, die Geister gnädig zu stimmen. Dies war schamanische Etikette. Die ehemaligen Mitglieder der Anonymen Alkoholiker tranken Runde um Runde von dem Wein. Schon bald war die Luft von Zigarettenrauch und dem Geruch nach Alkohol erfüllt.

Der Schamane zog dann den Embryo eines toten Lamas hervor, wie sie auf den Märkten für bestimmte Medizinleute und Curanderos verkauft werden. Der Embryo sah trocken, klein und runzelig aus. Der Schamane legte Baumwollbällchen auf Blätter mit kleinen bunten Bonbons. Er goß heiliges Wasser auf die Baumwollbällchen und las in weiteren Kakaoblättern. Er wies jeder anwesenden Person ein Baumwollbällchen und ein Bonbon zu. Die Luft war zum Schneiden dick und roch schwer nach Tod und Spirituosen. Es wurden weitere Zigaretten und weitere Spirituosen herumgereicht. Die Leute fingen an, unruhig zu werden. Nach stundenlangem Lesen der Kakaoblätter und anschließenden Anweisungen zu den Baumwollbällchen und Gesprächen mit den Geistern war der Schamane die einzige Person, die von dem Ritual gefesselt war.

Er bat um Fragen. Ein Mann fragte, ob die Baumwollbällchen für jeden einzelnen von uns bestimmt seien und, falls ja, ob sie die Negativität heilen könnten, die der Schamane in den Kakaoblättern gesehen hatte. Der Schamane erklärte, daß wir zusammen zu einer bestimmten Stunde nach draußen gehen und die Baumwollbällchen verbrennen würden. Aber wir mußten auf die richtige Stunde warten, und bis dahin würden noch einige Stunden vergehen. Ein anderes Mitglied der Gruppe fragte, wie lange er schon Schamane sei. Wir alle erwarteten, daß er seit vielen Jahren Schamane wäre, aber der Dolmetscher sagte »ein Jahr«.

Alle begannen, sich zu winden und zu husten und sich zu fragen, was wirklich geschah. War dies richtig? Hatte sich der Dolmetscher geirrt? Wie konnte er seit nur einem Jahr Schamane sein? Einige Leute lehnten die vierte Runde des 99prozentigen Weingeists ab, und andere wagten, die Zigaretten abzulehnen. Die meisten in der Gruppe hatten mindestens 300 Kakaoblätter gekaut.

Nach stundenlangen, sich ständig wiederholenden Gebeten im Kerzenschein, während die Gruppe unbequem auf dem bloßen Fußboden saß und sich wünschte, mehr als einen Kater oder einen Nikotinschock zu fühlen, stand der Schamane auf und ließ uns einen kurzen Moment allein.

Er kam mit einem süßen Meerschweinchen zurück. Die Gruppe mochte das Tier und war während eines kurzen Zwischenspiels abgelenkt. Das Tier wurde im Nacken gehalten, und jeder fragte sich, wie er das Haustier des Schamanen halten oder umsorgen sollte. Wir hatten alle das Gefühl, daß etwas Verheißungsvolles bevorstand.

Der Schamane hielt das Meerschweinchen fest am Nackenfell und schlitzte mit einem Schnitt seines scharfen Messers dessen Kehle auf. Dabei spritzte Blut auf den

Boden und über die Baumwollbällchen mit den Bonbons. Er erklärte, daß die Zeichen und Omen für die Zukunft hervorragend seien. Dann riß er den Hals und die Eingeweide unseres geliebten Maskottchens auf und zeigte uns, was für eine glückliche Gruppe wir waren. Er riß das immer noch schlagende Herz heraus, und wir alle erlitten einen postalkoholischen Schock!

Alle rannten nach draußen, um sich zu übergeben, während die Gruppe von Wellen der Übelkeit übermannt wurde. Die meisten Mägen waren von dem Tieropfer mitgenommen, aber andere von uns übergaben sich wegen des billigen Weins, des Zigarettenrauchs, des Leichengestanks und des Geschmacks der Kakaoblätter zusammen mit dem 99prozentigen Alkohol.

Unser Führer und Dolmetscher bestand immer noch darauf, daß wir uns geehrt fühlen sollten, in das Haus des Schamanen eingeladen zu werden, und am selben Tag ein Meerschweinchen und ein Lama geopfert zu bekommen. Dies seien sehr günstige Zeichen. Alle schluckten ihr Mißfallen herunter. Wir waren höflich, aber uns war sehr übel.

Einige Tage zuvor hatten wir das Inti-Rami-Fest der Inkas in Cuzco besucht und uns an den bunten Kostümen, den Tänzen und den vielen Inka-Nachkommen erfreut. Wir hatten diese wichtige Inka-Zeremonie von den Mauern von Sachsayuaman aus beobachtet. Plötzlich wurde, zu unserem Schock und Entsetzen, ein lebendiges Lama geopfert. Die Inka-Priester rissen das Herz des Tieres heraus, wobei Blut in alle Richtungen spritzte. Uns allen stockte der Atem, aber es handelte sich um eine alte Zeremonie, und wer waren wir, darüber zu urteilen? Das Opfern des Meerschweinchens war eine ganz andere Sache. Wir alle hatten als Kinder Meerschweinchen geliebt, und das Opfer erinnerte uns an den Tod oder Verlust von

Haustieren oder sogar Familienmitgliedern in unserer Kindheit. Es war etwas Persönliches.

Endlich geleitete uns der Schamane, der wohl unsere Unruhe und unseren Schrecken über das Schlachten des Meerschweinchens spürte, für das große Ereignis nach draußen. Er sang uralte Heilungsgebete in einer fremden Sprache aus der Zeit vor den Inkas, während wir unsere Kerzen und Baumwollbällchen hielten. Leider verloren die meisten Gruppenmitglieder nun ihr Gleichgewicht, wahrscheinlich unter dem Einfluß des 99prozentigen Alkohols, und begannen, ihre Baumwollbällchen vor dem festgelegten Zeitpunkt zu entzünden. Sie verbrannten sich sofort die Finger und ließen die Baumwollbällchen - die Altäre - fallen. Anschließend krochen sie sinnlos auf dem Boden herum, um die Überbleibsel einzusammeln. All dies erfolgte mit taktvoller Unbeholfenheit, um den Anwesenden und insbesondere dem Schamanen und unserem Führer gegenüber nicht respektlos zu wirken.

Als schließlich alle Reste der Baumwollbällchen-Süßigkeiten eingesammelt waren (einige davon waren nun stark angebrannt), verbrannten wir unser Karma einzeln und kollektiv, während keuchende Laute des Entzückens erklangen: Sie waren ein Ausdruck der Freude darüber, daß die Zeremonie nun ihrem Ende zuging. Wir irrten uns.

Wir hatten geduldig eine schlaflose Nacht bei Temperaturen unter dem Gefrierpunkt ausgehalten, in der wir nur Sommerschlafsäcke und -zelte hatten, außerdem hatte es weder ein richtiges Frühstück noch Abendessen gegeben. Wir waren wegen dieser Unannehmlichkeiten auf unsere Führer ärgerlich, aber wir nahmen an, daß Charazani und dieser Schamane uns für die unbequeme Reise mehr als entschädigen würden. Wir waren außerdem entschlossen, spirituelle Pilger zu sein und unserem Bedürfnis nach Eitelkeit und weltlichem Komfort zu entsagen.

Der Schamane wies uns als nächstes an, den heiligen Lamafötus, der inzwischen in Kräuter eingewickelt worden war, an einem bestimmten Platz an der Straße zum Schutz unserer Gruppe zu begraben. Wir blieben bis zum Ende höflich, würgten die letzten Schlucke 99prozentigen Alkohols herunter, rauchten ein weiteres Päckchen Zigaretten und bedankten uns bei unserem schamanischen Freund mit aufrichtiger Herzlichkeit.

Ich brauche nicht zu betonen, daß unser Weg zurück in die Stadt in ziemlich angeheitertem Zustand erfolgte. Viele von uns stolperten und fielen in den Bach. Wir dankten Gott dafür, daß nun alles vorbei war und daß wir beschützt waren. Jeder war damit konfrontiert, wie verwöhnt wir waren und wie lächerlich das Leben sein kann. Der Alkohol machte und benommen und verhinderte jegliche Reaktion auf die Zeremonie; damit erfüllte er seinen Zweck. Die Kakaoblätter hatten uns sowohl schläfrig gemacht als auch berauscht, und wir waren in der Dunkelheit hellwach.

Im Hotel legten wir die Schlafsäcke auf unsere Betten, um Läuse abzuwehren, und schliefen zu den lauten Gesängen einer weiteren Feuerzeremonie ein, die die Inkas und unser Führer in der Nacht abhielten. Die Luft war von Geistern erfüllt. Ich schlief in dem Bewußtsein, beschützt zu sein und daß die Natur stark, unberührt, wild und voll von Zauberei war. Die ganze Stadt schien Zaubersprüche zu weben, mit Geistern zu sprechen, Flüche aufzuheben sowie Geistwesen zu vertreiben.

Unsere Gruppe wachte früh am Morgen auf. Wir packten unsere Sachen, feuerten den Reiseführer und machten uns auf eine lange und beschwerliche Busfahrt zur Copacabana in Bolivien auf. Dort quartierten wir uns im besten Hotel ein. Wir hatten beschlossen, unsere Tour abzubrechen und unseren Aufenthalt um drei Tage abzukürzen, um statt dessen die Inseln der Sonne und des Monds zu besuchen.

Ich hatte keinen sehr starken Kater und begrüßte die Stadtleute bei meinem Morgenspaziergang mit einem Lächeln. Ich fühlte, daß die verrückte Zeremonie der vergangenen Nacht uns irgendwie für eine seltsame Welt geöffnet hatte und daß dieses Ritual eine Art Visum darstellte. Die Stadt war von einem merkwürdigen Licht erfüllt, das voller Magie war. Es war Zeit für mich, die Zauberei anderen zu überlassen. Ich wollte menschlich, einfach und ohne spirituellen Ehrgeiz leben und mein Leben und seine alltägliche Schönheit nach der Tortur von Charazani und der raucherfüllten Hütte des Schamanen einfach so annehmen, wie es war.

Kapitel 8

Reisen durch das violette Bardo

São Paulo

Ein berühmtes Medium in Brasilien hatte eine riesige, jährliche Konferenz über Metaphysik in São Paulo organisiert. Sie wollte mein Flugticket und meine Unterbringung bezahlen, wenn ich daran teilnahm. Ich stieg in eine Boeing 747, um meine erste Reise nach Brasilien anzutreten. Auf dem Flug sprach niemand Englisch, und alle hielten mich mit meinem dunklen, gelockten Haar und meinen braunen Augen für einen Brasilianer. Die Stewardessen waren erstaunt, als sie feststellten, daß ich kein Wort Portugiesisch sprach.

Während ich die Gesichter meiner Mitreisenden studierte, öffnete sich mein Herz, und ich wurde von einer tiefen Sinnlichkeit erfaßt. Alle waren unglaublich schön und sinnlich und schienen sorglos, aber sie zeigten auch ein persönliches und kollektives »Opfer«-Bewußtsein.

In den nächsten Tagen wurde ich Zeuge der weiten Kluft zwischen den Reichen und den Armen in Brasilien, und des immer kleiner werdenden Mittelstands. Die ärmsten Leute lebten in Slums aus Wellblech und Holzabfällen, den sogenannten *favelas*. Die sehr reichen Leute haben mehrere Landsitze und besitzen den größten Teil des Landes. Mir wurde von einem reichen Landbesitzer erzählt, dem 90 Prozent eines brasilianischen Staats gehörten und der das Monopol über den Handel besaß und die meisten Menschen beherrschte, die »unter ihm« lebten. Er sorgte dafür, daß die Armen auf seinem Land sehr arm blieben.

Mir wurde von Brasilianern berichtet, daß im nördlichen Teil des Landes Gesetzlosigkeit und Korruption herrschen. Jede Woche kommen 7000 Menschen aus dem Norden nach São Paulo, um dem niedrigen Lebensstandard und eincr extremen Armut, die für viele ans Verhungern grenzt, zu entfliehen. Sie hoffen, in der Stadt Erfolg zu haben, aber viele Leute gehen nach nur wenigen Monaten geschlagen wieder dorthin zurück, wo sie hergekommen sind.

São Paulo ist zweimal so groß wie New York City und expandiert ohne städtische Planung mit alarmierender Schnelligkeit. Es hat nach Mexiko City die größte Einwohnerzahl der Welt, und es wird erwartet, daß es im Jahr 2000 Mexiko City überholt haben wird. Die schönsten Gebiete sind die *Jardims* - was Gärten bedeutet - und Morumbi mit seinen gepflegten Einkaufszentren und Parks. Der Handel in der Innenstadt konzentriert sich auf Paulista. Der Spitzname für Menschen, die in São Paulo geboren und aufgewachsen sind, lautet Paulistas.

Die Brasilianer sind ein fröhliches Volk, welches das Vergnügen liebt. Die Armen tragen ihr Leiden nicht wie in anderen Teilen der Welt zur Schau. Sie lächeln unbekümmert über das ganze Gesicht. Alle tragen ein Gefühl des Märtyrertums in sich, auch die Reichen, die immer glauben, sie haben noch nicht genug Geld, und sich unsicher fühlen. Ich habe auf dem Pfad zur spirituellen Freiheit in Brasilien viele treue Freunde, Liebhaber und Weggefährten getroffen. Ich habe niemals ein Volk so sehr geliebt oder mich in einem Land so zu Hause gefühlt.

Trotz der immensen Größe von São Paulo und seinem Verkehr liebte ich die Menschen mit ihrem ungeheuren

Potential für Liebe, Sinnlichkeit, Körperlichkeit und Freude. Es war ein berauschendes Gefühl. In meinem Hotel spielte ich eines Abends für die Gäste Klavier. Ich war über ihre Wärme und ihr Interesse erstaunt. Am Morgen grüßten mich die Hotelangestellten und erzählten mir ihre Lebensgeschichte oder von einer spirituellen Einsicht, die ihnen gekommen war. Wir alle fühlten eine Kameradschaft und Seelennähe und hatten das Bedürfnis, unsere Achtung voreinander zu zeigen.

Nach meiner Begrüßungsansprache an die Konferenzteilnehmer nahm ich auf einem Podium Platz – über mir hingen große Fotos von weltbekannten Meistern: Kuthumi, Saint Germain, Meister Morya und Christus. Am Ende erzählte mir jemand, daß meine Ansprache von der Dolmetscherin völlig falsch übersetzt worden war. Sie hatte nicht ein einziges Wort richtig wiedergegeben!

An diesem Abend nahm ich meine Freundin in einen brasilianischen Jazzclub mit. Sie war entsetzt, daß ich als spiritueller Mensch in einen Nachtclub gehen wollte. Sie fand das falsch. Es wußte dort niemand, wie sehr ich Musik, jede Art von Musik, liebe. Ich war von dem Nachtclub mit seinen elf Jazzmusikern, dem unbeschreiblich virtuosen Gesang und der Trommelmusik mit Samba, Bossa-Nova- und afrikanischen Ryhthmen begeistert. Das Talent der versammelten Musiker versetzte mich in Ekstase, meine Freundin jedoch beschwerte sich nur über das kettenrauchende Publikum, die Mengen an Alkohol, die getrunken wurden, und das vorhandene niedrige Bewußtsein. Schließlich erklärte sie, daß Saint Germain ihr gesagt habe, wir müßten nun gehen.

In Brasilien ist die spirituelle Selbsttäuschung weit verbreitet. Dennoch geschehen hier mehr Wunder als an jedem anderen Ort auf der Welt. Spontane Heilungen, merkwürdige Lichtmanifestationen und extreme Formen von Hellsichtigkeit sind alltäglich. Meine Freundin erzählte mir ständig, wie Saint Germain jeden ihrer Schritte lenkt und ihr sagt, wo sie übernachten, ob sie rechts oder links abbiegen und wie sie ihr Geschäft führen soll. Es hörte sich mehr nach Besessenheit als nach Eingebungen an.

Am Tag meiner großen Rede verlangte ich einen guten Dolmetscher. Ich traf außerdem einen Mann, den ich aus Santa Fe kannte. Er war ein in Brasilien wohlbekannter Heiler, ein Medium und ein Hellsichtiger. Er hielt seinen Vortrag vor meinem und nach der Rede eines Mannes aus der Santo-Daime-Gemeinde in der Nähe von Mapia am Amazonas. Sie sprachen beide über klare grundlegende Anleitungen zum Schamanismus. Der Santo-Daime-Redner erklärte die Wirkung von Ayahuasca. Als ich an der Reihe war, saß ich auf Elch- und Tigerfellen, umgeben von den Knochen der Medizinbeutel des Santo-Daime-Schamanen. Mir gegenüber befand sich ein riesiges Publikum von mehren tausend Menschen. Mein Herz war voller Unruhe, und ich fühlte, daß die übersinnliche Welt mir die Worte eingeben würde. Meine ganze Seele und mein ganzes Herz füllten das Auditorium. Ich fragte mich, ob das Publikum die Engel im Saal spüren konnte.

Als ich fertig war, sprang das Publikum von seinen Sitzen und gab mir eine donnernde stehende Ovation. Sie stürmten die Bühne, um mir die Hand zu schütteln. Ich gab an diesem Tag Tausenden Menschen von der Bühne aus die Hand und fühlte die Gegenwart von Sophia und des Erzengels Michael in meiner Aura. Meine Freundin versuchte, mich von der Bühne zu geleiten, während sich die schwärmende Masse aus Körpern an mich drängte. Ich fühlte eine große Heiterkeit und tiefste Güte. Ich wollte nur noch Licht geben und die Wunder geschehen lassen. Die ganze Konferenz hatte sich für mich verändert.

Zu meinem ersten Workshop kamen nur neun Leute, aber ich gab mein Bestes, und beim nächsten Workshop waren es sechzig Teilnehmer, die alle von den Erzählungen der ersten neun mutigen Seelen gehört hatten.

Später fuhr Ricardo mich nach Embu, einem malerischen Teil von São Paulo. Hier leben und arbeiten Handwerker, Künstler und Schriftsteller. Ricardo hatte in Embu zwei Freunde, die Lichtskulpturen aus Stein und Kristall herstellten. Einer von ihnen war ein Dichter und der andere ein Meister in Ikebana, der japanischen Kunst des Blumensteckens. Ich mochte sie beide vom ersten Moment ihrer Empfindsamkeit im Gefühl und im Gespräch wegen - Künstlerseelen, die in dieser gegenwärtigen Welt lebten und einander fanden. Jedes Gemälde, jede Steinwand in ihrem Zuhause sprach zu mir in der Sprache der Empfindsamkeit und der Kunst. Das Essen war einfach und doch einfallsreich, kreativ und liebevoll zubereitet. Embu schmeckte mir hervorragend. Es war das Tor zu einer neuen köstlichen Welt für mich.

Almada in Ubatuba

Bei meinem zweiten Besuch in São Paulo, im folgenden Jahr, traf ich Carminha, eine wertvolle Freundin und Kollegin auf meinem Pfad. Sie hatte ein Zentrum für Schamanismus und die Studie der Candomblas, der nigerianischen Religion der Yoruba und der Orixas, eröffnet. Umbanda-Zeremonien sind brasilianisch, haben jedoch ihre Wurzeln in Afrika und beinhalten Musik, Trance und Besessenheit durch Geister. Die *Orixas* sind die höheren Naturwesen, wie beispielsweise Oxum, der Wächter der Wasserfälle, Bäche und Flüsse, der mein Haupt-Orixa war. Mein zweiter Helfer war Oxossi, ein wilder Krieger und Hüter der Wälder. Zu den anderen Orixas gehören Yemanja, der Hüter des Ozeans, Nana, die Großmutter, und Exu, der Wächter des Tores, der den unteren Astralkörper für klare Hellsichtigkeit und zum Schutz abtrennt.

Carminha und ihr freundlicher Mann wurden zu meinen Ersatzeltern in Brasilien. Sie schätzten meine Arbeit, und ich fühlte große Achtung und tiefe Zuneigung für sie. Carminha war im Sternzeichen des Löwen geboren und eine starke Frau, die oft über ihren Schatten springen mußte, aber sie schaffte es, ihr inneres Gleichgewicht zu bewahren. Sie half vielen Männern und Frauen zu Macht, künstlerischen Talenten und Wildheit. Sie hatte bei Michael Harner studiert und war häufig am Esalen-Institut gewesen. Carminha hilft Menschen dabei, für Problemlösung, Heilung und Therapie Zugang zu anderen Realitäten zu erhalten. Ihre Arbeitsweise ist sehr an den Lehren von Jung orientiert. Sie begleitet ihre Schüler auf verschiedenen Initiationen durch schamanische Reisen, damit diese ihre eigenen spirituellen Lehrer entdecken und ihr Wohlbefinden steigern.

Diese tiefgreifende Einweihungsarbeit geschieht in Almada. Es befindet sich unterhalb von São Paulo an der Küste, in der Nähe des entzückenden und malerischen Hafens Pariti. Almada ist ein Naturschutzgebiet, in dem wenige Familien in einem eng begrenzten Dorf wohnen. Carminha hat ein Refugium aus kleinen Gebäuden an der Seite eines Felsens gebaut. In einem Raum besteht eine Wand aus dem aufragenden, freiliegenden Felsen. Mein Zimmer war ein einfacher runder Turm aus Ziegeln und Steinen. Es war meine kleine Burg in Brasilien. Es hatte einen Blick auf den Ozean sowie auf viele afrikanische Bäume, weite Felsflächen und Bambushaine. Es war ein magischer Ort und geeignet, um dort den Schatten des

Heiligen zu begegnen und die Ekstase als Mittel zur wahren Selbstentdeckung zu erlernen.

Eines Abends in Almada schlug der Blitz in den Boden ein, während ich eine Gruppe in holotropischem Atmen und Rebirthing anleitete. Die Erde bebte, und alle erhielten einen elektrischen Schlag. Die Lichter gingen aus, und in der Dunkelheit starb unser altes Selbst, und es wurden Kerzen der Freiheit angezündet. Dieser ganze Workshop wurde durch Blitze, strömenden Regen und Donnerschläge, eingeweiht; er reinigte uns und erweckte uns als Gruppe.

Wir warfen Stöcke in ein großes Feuer, um unsere karmischen Fehltritte zu verbrennen. Wir wanderten mit verbundenen Augen durch den Dschungel am Rand der Felsen. Wir badeten in den Fluten des Oxum und sangen zu dem heiligen Wasserfall, der mit Blumenopfern für die Göttin gefüllt war. Hier wurde ich vom Orixa des Blitzes, namens Eunsun, eingeweiht. Die Frauen von Eunsun nahmen mich in einen großen Bambushain mit und schlugen mich sehr sanft mit Bambusstöcken, während sie Gesänge anstimmten und mich in die Geheimnisse des Blitzschlags und des wahren Kriegertums einwiesen. Die Frauen des Blitzführers leiteten mich an, den Mut und die Stärke von Eunsun zu akzeptieren.

In Paz Geia begannen die Bäume, mit mir über den Geist des Waldes und seinen Hüter Oxossi, einen Krieger der Bäume und der Schlingpflanzen, zu sprechen. Er ist der aufsteigende Geruch des dunklen Zerfalls, die Bäume, die uns in unseren Träumen besuchen. Oxossi wies mich viele Male an, mit Zweigen voller Blätter über die Körper meiner Schüler zu streichen, um sie zu reinigen. Er erklärte, daß sein Symbol der abgetrennte Ast ist, weil er sich, nachdem er abgeschnitten worden ist, regenerieren und als ein Symbol seiner Hoffnung für die Menschheit wieder zu neuem Leben heranwachsen kann. Ein verrotteter Baum trägt, genau wie ein verdorbener Mensch, faule Früchte. Oxossi sagt, daß ein Zweig sich biegen muß, um einem Baum zu erlauben, weiter zu wachsen.

Ich lernte von ihm, wie das Leben aus Dualität besteht: Schöpfung und Zerstörung, Gewinn und Verlust, Werden und Vergehen. Er erklärte, wie Bäume Generationen verbinden, Menschen überdauern, und, daß sie die Zeithüter der Erdgeschichte sind. Er war voller Weisheit, und ich saß in seinem Hain auf Carminhas Land und spürte, wie mir seine Gegenwart versicherte, daß die Menschheit und der Wald miteinander verwandt sind.

Er war sehr »wirklich«, lebendig, männlich und lebensprühend. Er war der Wald von Brasilien. Ich fühlte mich wie ein weißer Vogel, der in einem Baum ausruht. Die Wasserfälle von Oxum gaben mit Kraft, Fülle, Reichtum und, mit sanfter Berührung, Reinigung. Oxossi gab mir die Stabilität und Verwurzeltheit des organischen Entfaltens, Reifens und Zerfallens des pflanzlichen Lebens. Der Tod war immer in seiner Nähe. Er hielt die Samen des Todes und des neuen Lebens und lehrte, daß der Tod im Reich des schlafenden Samens liegt und keine Apokalypse der Hoffnungslosigkeit ist.

Nachts tanzte ich in Oxossis Baumhain. Ich legte mit dem beginnenden Regen alle meine Kleider ab und spürte das Miteinander der Steine, Pflanzen, der Erde, der Kletterpflanzen, Vögel und Insekten unter einem Baldachin. Oxossis Welt war mein geheimer Garten - ein Platz, der sich zum Tanzen in der Feuchtigkeit des Waldes eignet. Meine zwei persönlichen Orixas oder Schutzgötter waren Oxum, die Göttin des Wassers, der Zersetzung und der Bewegung, und Oxossi, der Krieger der Bäume, die das Ufer eines großen Flusses säumen, das Endziel der Seele. Oxum konnte mich zu den Wassern des Lebens bringen, aber Oxossi half mir dabei, an dem Baum in die unbekannten Arme des Schöpfers hochzuklettern.

Oxossi zeigte mir, daß jeder meiner Finger ein anderer Baum war. Ich erinnerte mich daran, daß im keltischen Volkstum der Daumen die Birke, der Zeigefinger die Eberesche, der Mittelfinger die Esche, der Ringfinger die Erle und der kleine Finger die Weide repräsentieren. Oxossi erzählte, daß die Bäume den Händen ihre Energie zum Heilen geben. Die Finger sind Energiekanäle, und die Fingerspitzen geben Energie frei. Wir können wählen, zu verletzen oder zu heilen oder unsere Hände als Orakel in heilige Positionen zu bewegen. Ich beobachtete, wie meine Hände ihre Stellung veränderten und Energie durch meine Fingerspitzen in alle Richtungen floß. Oxossi lehrte mich, wie ich meine Energie durch meine Hände fokussieren konnte, indem ich an einen bestimmten Baum dachte. Mir fiel wieder ein, daß der Name Chiron »Hand« bedeutet. Die Kunst der chiropraktischen Heilung ist die Kunst des Heilens mit den Händen. Chiron ist der Lehrer für alternative Medizin und Chirurgie und des Einsatzes der Hände zur Übertragung göttlicher Energie. Oxossi wurde an diesem Tag zu einem meiner Chiron-Lehrer.

Ich hatte zuvor bereits ein wenig über Sangoma, die afrikanische Tradition der Verwendung spezieller Kräuter, über Heilungsrituale, Divination, Visionen und Trauminterpretation gelernt, aber ich hatte noch nie von Umbanda gehört. In den ersten paar Tagen in Almada traten seltsame Besetzungen durch Geistwesen in meinen Workshops auf. Teilnehmer wanden sich auf dem Boden, hatten Schaum vor dem Mund und sprachen wie schadenfrohe Kinder oder Indianer. Ich hatte gesehen, wie die Yoruba-Priesterinnen in ihren weißen Gewändern tanzten und in Trance fielen, aber derartiges war niemals in meinen Workshops passiert. Jeder von uns mußte sich äußerer

Einflüsse bewußter werden und durfte nicht mehr so leicht in Trance fallen oder sich von Geistwesen besetzen lassen. Ich mußte hart daran arbeiten, meine Schüler zu erden und ihre Füße fest auf die Erde zu setzen, damit sie ihre Köpfe den Sternen öffnen konnten. Ich wollte, daß sie mit Tieren, Pflanzen und Geistwesen sprechen konnten, jedoch dabei ihr Gleichgewicht behielten. Jeder Schüler lernte, das alltägliche Leben und Geschäftspraktiken mit spiritueller Arbeit zu verbinden.

In Almada führte ich für zwei Freunde aus Capo Grande in Matto Grosso do Sul, einem Staat im Norden, eine Eheschließungszeremonie durch. Die Hochzeit war eine Feier der inneren Ehe von Christus und Sophia und ihrer Verbundenheit. Das Yoga der Beziehung ist ein herausfordernder, lohnender Weg, auf dem die transformative Kraft liebevoller Beziehungen dazu eingesetzt wird, persönliche Individualität zu entwickeln, die eigenen Stärken und Schwächen kennenzulernen und effektiv mit Herausforderungen in der Welt umzugehen. Genau zwei Jahre später führte ich eine andere Hochzeitszeremonie in São Paulo unter einem einfachen Baum durch, der von Rosenblättern umgeben war. Es war ein Ritual zu Ehren der Ansprüche von Ehe und Beziehung, Verantwortlichkeit und Konfliktlösung.

Bei der zweiten Zeremonie waren alle Gäste konservative, reservierte Brasilianer. Keiner von ihnen wußte, was er von einer schamanischen Eheschließungszeremonie zu erwarten hatte. Zu unserer Freude waren viele Gäste der Meinung, daß sie realer als eine traditionelle Messe in der Kirche war, eine ehrliche Angelegenheit ohne Affektiertheit. Sie waren auf feierliche, persönliche Weise berührt. Die verheirateten Paare hielten einander nach der Zeremonie in den Armen und ehrten die Höhe- und Tiefpunkte ihrer Gemeinschaft. Sie spürten, daß der Tag eine

Bekräftigung von Familie, Werten, Moral und Ehe war, und sie hatten außerdem gelernt, neue Formen der Spiritualität zu tolerieren.

In den Vereinigten Staaten und in Europa ist es schwierig, Menschen an das Innere ihrer Herzen heranzuführen und sie empfindsam für hellsichtige Erfahrungen zu machen, da sie dem Ganzen entweder skeptisch gegenüberstehen oder sehr schnell ihre Urteilskraft verlieren. In Brasilien fallen die Leute in Sekunden in Trancezustände, treten beinahe unmittelbar in übersinnliche Welten und tiefe Bewußtseinszustände ein. Die Brasilianer lernen noch immer ein bewußtes Verständnis dieser Talente und, wie sie die Geister auf die Probe stellen können, die durch sie sprechen. Sie mußten zu spirituell reiferen Erwachsenen werden, und sie waren dazu bereit.

Der Spiritismus des neunzehnten Jahrhunderts ist in Brasilien lebendig erhalten geblieben. Psychische Chirurgie ist dort so häufig wie auf den Philippinen. Brasilien hat zahlreiche spiritistische Krankenhäuser und Heilungskliniken. Ich besuchte in Rio de Janeiro einmal ein Spiritistenzentrum namens »Lar de Frei Luiz«. Es ist sehr groß, und die Arbeit umfaßt die Befreiung von erdgebundenen Geistern, den Einsatz höherer Geister für ätherische Heilung, Diagnose von Krankheiten und Leiden durch höhere Geister sowie Wege, die helfen, mit der Materialisierung von Geistern umzugehen. Es gibt Schulen, die der Arbeit von Allan Kardec verpflichtet sind, dem Spiritisten des neunzehnten Jahrhunderts, der ganze Bände über seine Begegnungen mit der anderen Seite geschrieben hat. Seine Bücher sind heute in Brasilien populärer als in seinem Heimatland Frankreich. Besetzungen durch und Gespräche mit Geistern sind in Brasilien so üblich, daß viele Leute freitags und samstags abends zu Umbanda-Zeremonien und am Sonntag in die katholische

Kirche gehen. Eine Statue der heiligen Barbara schützt das Haus, eine bestimmte Pflanze wehrt den bösen Blick ab, eine Frau wird gerufen, um ein Haus von Macumba-Flüchen oder Schwarzmagie zu befreien.

Aiuruoca

Arco-Iris zeigte mir Minas Gerais, einen Staat mit Bauernhöfen, Vieh und sanft gewölbten grünen Hügeln. Wir arbeiteten gemeinsam in Aiuruoca, einer Kleinstadt, die in Brasilien in esoterischen Zirkeln als Kraftort für Transformation bekannt ist. Aiuruoca und das benachbarte Mattatu sind Zentren, die Leute zu Meditation, Reinigung und für Zeremonien anziehen. Dawn Eagle Woman und ich lehren dort jedes Jahr.

Bei einer Versammlung arbeitete ich in einem Bambushain nahe eines kleinen Wasserfalls. Achtzig Leute waren in totaler Stille in Form einer weißen Menschenschlange bis zu einem großen, machtvollen Wasserfall gewandert. Man konnte nur das Geräusch des Wasserfalls aus der Ferne hören. Jeder Abschnitt der Schlange hatte einen Anführer und eine Person am Schluß jeder Menschenreihe. Jeder übernahm für die Menschen in seinem Abschnitt persönlich die Verantwortung. Die Stadt Mattatu hatte Bedenken über unsere Wanderung geäußert und befürchtet, daß eine Gruppe von achtzig Menschen Unordnung hinterlassen und die Natur verschmutzen würde. Wir bewiesen das Gegenteil. Wir achteten auf die Erde und segneten den Boden, auf dem wir gingen, mit jedem Schritt.

Als die Nacht kam, mußten wir zurückwandern - achtzig Menschen in einer Reihe, die sich in beinahe vollkommener Dunkelheit an einem Seil festhielten. Viele befanden sich am Rande von Panikgefühlen. Zuerst verstauchte sich jemand den Knöchel und mußte getragen werden. Dann brachten schweigende Ängste einige der Teilnehmer dazu, das Seil zu stark zu spannen. Die Prüfung bestand darin, jedem in der Reihe zu vertrauen, als ob es sich um ein einziges Wesen aus vielen Teilen handelte. Das Seil war in der Dunkelheit unsere Verbindung und es half uns, Brücken und Bäche zu überqueren und unseren Weg in der Wildnis zu finden. Es war ein Zeugnis des Muts der ganzen Gruppe, daß wir erfolgreich zurückkehrten. Die Nacht gab uns neue Augen: Wir sahen mit unseren Füßen und gingen kinästhetisch geleitet nach Hause.

Dawn Eagle Woman und ich mußten in unseren Workshops in Aiuruoca viele Attacken von unbewußten Teilnehmern aushalten. Viele testeten unsere Autorität und nahmen, entgegen unseren Anweisungen, psychotropische Pilze ein, die wir später vollständig aus unserer Arbeit verbannten. Eine Frau, die Pilze gegessen hatte, wurde psychotisch, zog alle Kleider aus und erzählte uns die Geschichte, wie sie und ich in einem anderen Leben verheiratet gewesen waren und in diesem Leben wieder heiraten würden. Sie erzählte uns splitternackt zwei Stunden lang eine Geschichte von einem vergangenen Leben, an dem die gesamte Gruppe beteiligt war.

In ihrer Erzählung war ich ein französischer Forscher und sie die Anführerin eines eingeborenen Stamms. Ich heiratete sie, lebte bei den Indianern und lernte ihre Medizin kennen. Ihr Stamm wurde angegriffen und abgeschlachtet. Es überlebten nur wenige Menschen, und sie wollte Rache nehmen. Sie erhielt ihre Rache an den Weißen niemals vollständig und lebte sie nun in ihrer eigenen Psyche durch ihre Geisteskrankheit aus.

Während eines Redekreises darf niemand unterbrochen werden, solange er den Sprechstab hält. Sie hielt den Stab viel zu lange, deshalb haben wir nun Zeitgrenzen eingeführt. Später versuchte sie erneut, die Gruppe zu dominieren, und wurde streng angewiesen, aufzuhören und den Stab weiterzugeben. Sie willigte ein. Viele lernten an diesem Tag, endlich den Mund aufzumachen und Anführer zu sein. Eine Gruppe muß zugunsten aller zusammenarbeiten und darf keine einzelne Person dominieren lassen. Sie verhielt sich mir gegenüber zwanghaft und lud Teilnehmer zu unserer Hochzeit ein. Sie legte ihre Kleider nicht nur ab, um zu sprechen, sondern auch, um zu verführen. Indem sie ihre Geschichte von einem anderen Leben erzählte, wollte sie mich auf magische Weise besetzen und eine Brücke in dieses Leben schlagen. Ich mußte dazu nein sagen.

Macht strebt immer nach Sex, Geld und Religion. Hier erfuhr ich, wie Menschen von spirituellen Lehrern angezogen werden und wie stark ihr Bedürfnis ist, ihre Wünsche auf sie zu projizieren. Ich lernte, nicht mehr so naiv zu sein. Erstens ist Anziehung keine Liebe. Es handelt sich um Faszination, und sie stammt von unseren Mustern gelernter Verhaltensweisen in der Kindheit. Zweitens ist die glamouröse Anziehung des Lehrers keine echte Verbindung, sondern ein falscher Glanz durch Assoziation. Drittens fühlten sich viele Frauen und Männer in Brasilien von mir angezogen, aber ich war nicht verfügbar. Wenn Anziehung nicht erwidert wird, beginnen Zwanghaftigkeit und Besitznahme des Liebesobjekts. Ich hatte in Brasilien Leidenschaft erweckt und mußte lernen, wie ich die Betonung von mir nehmen und auf die eigentliche Arbeit und die Lehren legen konnte.

Trotz der Schwierigkeiten in Aiuruoca liebte ich das Land, die Natur und die reichlich vorhandenen Schmetterlinge. Ebenso war ich mir jedoch der mißhandelten Pferde, der Korruption von Innenpolitik und des Landes sowie der großspurigen Hähne bewußt, die für Tieropfer und Hahnenkämpfe eingesetzt wurden. Sie stolzierten immer ein wenig zu herausfordernd durch die Gegend.

Das Land der Xingu- und Xavante-Stämme war voll von ihren Schwingungen. Ich erinnerte mich an eine andere Zeit, in der ich hier in Harmonie mit der natürlichen Welt gelebt hatte. Viele Orte waren mir vertraut. Diese Harmonie wächst und bleibt in meinem Herzen erhalten und hat Früchte getragen. Aiuruoca und Mattatu waren für mich die Heimkehr.

Curitiba

In Curitiba wohnte ich an einem See, der sanft in einen anderen See übergeht und Reihern, Enten, Fröschen, Libellen und dem weißen Königsibis Schutz bietet. Meine Freundin und Dolmetscherin Pookie war eine ehrliche und freundliche Frau und schaffte eine beruhigende Umgebung zum Leben und Arbeiten.

In Curitiba blühte ich auf. Ein japanisch-brasilianischer Flötenspieler machte abends mit fröhlicher Finesse für uns Musik. Die Kühe schliefen zum Rhythmus seiner Lieder ein. Das Wasser strömte dahin. Wir salbten unsere Körper am Abend mit Paraiba-Öl und tranken es in unserem Tee. Es ist der Saft des Regenwaldbaums und stärkt das Immunsystem. Wir saßen in einer Hütte, die einem indianischen Häuptling gewidmet war, und meditierten. Ein Kolibri baute sein Nest in der Decke und zog seine Jungen auf.

Ich arbeitete mit Gruppen von vierzig Leuten pro Tag, jeweils zwei Tage hintereinander und ruhte mich am dritten Tag aus. Dann wiederholte sich der Zyklus. Während eines Workshops brachte eine meiner Organisatorinnen ihre Familie mit, und ich ließ ihnen besondere Aufmerksamkeit zuteil werden. Ich zeigte ihnen, wie sie sich auf die unmittelbare Zukunft mit Stärke vorbereiten, Widrigkeiten überwinden und das Geschenk in allen Geschehnissen erkennen konnten. Meine Organisatorin starb kurz darauf, aber ihre Familie war in diesem Workshop vorbereitet worden. Ich erinnere mich an ihr Lächeln, ihren Witz, ihre Liebe für José Argüelles und seine Frau, ihr Mitgefühl und ihre Sorge um ihre Familie. Sie hatte sie unbewußt zu dem Workshop mitgebracht, um sie auf ihren Tod vorzubereiten.

Viele Menschen kommen zu mir, damit ich sie auf den Tod vorbereite. Ich sehe die Unbeständigkeit des Lebens. Manchmal bleibe ich davon unberührt, oft weine ich nach der Arbeit eines langen Tages in meinem Hotelzimmer um die Menschen, die ich niemals wiedersehen werde. Ich vermisse meine Organisatorin, die Curitiba liebte und dort lebte und sich vor ihrem Tod um ihre Familie kümmerte.

In Brasilien begann ich, in einen Bardo-Zustand oder einen Übergang einzugehen, der dem Tod ähnlich war. Das »Bardo« kann jeden Übergang im Leben oder im Tod von einem Bewußtsein oder einer Bewußtseinsstufe in eine andere bezeichnen. Ich hatte in Brasilien darum gebeten, daß all mein Karma aus der Vergangenheit beendet werden würde. Ich durchschaute meine eigenen Illusionen, meine sexuelle Besessenheit und meine Gefühllosigkeit. Ich hatte den Preis erhöht, sozusagen meinen Einsatz gesteigert, und meine innere Arbeit ging in mein äußeres Leben über.

Ich erinnerte mich an alte Zeiten in vergangenen Leben und Momente in diesem Leben, wenn ich den falschen Kurs genommen hatte und außer Kontrolle geraten war. Mir wurde bewußt, wie ich in meinem Körper einschlief, und ich konnte eine samtige Taubheit fühlen, die sich wie ein dichter, wirbelnder Nebel über mich senkte. Brasilien reaktivierte eine uralte Zeit vergangener Hilflosigkeit, Hoffnungslosigkeit und Desillusion in mir. Schon bald begann ich, meinen bisherigen Mangel an Sanftheit mir und anderen gegenüber zu erforschen. Ich fühlte eine stärker werdende, komaähnliche Taubheit, und mein Atem wurde unregelmäßig oder blieb stehen. Ich mußte mich anstrengen, in diesen toten Raum in mir einzuatmen und die vergangene Verleugnung und den Mangel an Erinnerungsvermögen auszuatmen. Ich wußte nicht, was ich verleugnete, bis ich normal zu atmen begann und in Kontakt mit etwas Stummem aus einem vorgeburtlichen Zustand kam.

Das violette Bardo ist die Transformation, die durch das Abwerfen der Erinnerungsschichten und durch das Auftauchen aus einem Kokon wirbelnder Taubheit in echtes Gefühl verursacht wird. Es dauerte Jahre, diese Folge zusammenhängender Ereignisse durch aktives Entspannen zu entwirren. Ich mußte mich auf die Achterbahn des Bardo begeben und mich durch uralte Schmerzen zu einem Durchbruch atmen. Ich mußte meine Ängste festhalten und dann in eine Art Koma eintreten, um sie nur ansehen zu können. Wachsam und beinahe blind wußte ich, daß ich Liebe über Angst stellen mußte. Brasilien bereitete mich auf die große Abrechnung meines seelenähnlichen Tods im Leben oder, wie es ich nenne, auf das »violette Bardo« der Reinigung vor.

Belo Horizonte

Die drittgrößte Stadt in Brasilien, Belo Horizonte, befindet sich im Herzen von Minas Gerais. Mein Organisator war ein junger Mann, der mit einem alten Meister der Indianer in Kontakt stand. Er hatte gelernt, Rituale der Indianer auszuführen, und war kürzlich zu einem Pfeifenträger der Lakota-Sioux geworden. Alle seine Mitarbeiter waren jugendlich, voller Leben und ernsthaft. Sie führten gemeinsam einen esoterischen Buchladen. Mein Organisator, ihr Leiter, besaß einen malerischen Bauernhof auf dem Land. Ich liebte diesen Hof, die Kraft, die Einfachheit, die Pferde und das Medizinrad. Das Haus war von Feierlichkeit und Ruhe durchdrungen, und ich sprach zu den Bäumen, zu Guave, Avocado und Mais.

Sein Geistführer hatte mich zu ihnen gebracht, und ich achte ihre Lernwilligkeit. In ihren Seelen lebt ein alter Indianer, und er erinnert mich an New Mexico und daran, wie weit ich von dem Land, das ich so schätze, entfernt bin. Brasilianer fühlen eine Verbundenheit mit den Indianern. Sie achten ihren Geist und ihre Weisheit.

Die reichen Leute von Belo Horizonte leben auf den höchsten Hügeln mit Blick auf die Stadt, in Häusern mit Aufzügen. Die auffälligen, leeren und imposanten Häuser der Reichen befinden sich direkt neben dem größten Slum (*favela*). Der größte Park von Belo Horizonte ist riesig, jedoch ist es gefährlich, dort bei Tag oder Nacht allein spazierenzugehen.

Der Aussichtspunkt ist von trinkenden und zechenden Menschen bevölkert. Die Dekadenz der Stadt machte mich traurig. Eines Abends hatten männliche Prostituierte vor meinem Fenster Geschlechtsverkehr. Ich schrie sie durch mein Fenster an, still zu sein und woanders hinzugehen. Ich betete dafür, daß die Menschen über Wohlstand und Extreme hinaus die Würde der Seele finden würden.

Ich schaltete den Fernseher, die Musik und die Geräusche aus und fand einen anderen Strom, ein Gleichgewicht in der Kakaphonie und der Dringlichkeit der Stadt. Ich sah, wie die Medien die Zuschauer mit Verführung, Besessenheit und Macht beeinflußten. Ich fühlte ihre betäubende Wirkung in jenen Prostituierten. Ich sah in Bangkok, in Thailand, wie die Prostituierten Machtspiele mit ihren Klienten spielten und sie im sexuellen Akt oder in merkwürdigen Vorführungen in Nachtclubs, um Geld und Macht brachten. Ich fühlte, wie sehr wir durch Pornographie betäubt sind und wie man, wenn man Pornographie ansieht, in die Machtdynamik der Teilnehmer eingeht. Ich sah, wie gewalttätige Gedanken und Phantasien ohne Grenzen ausgelebt wurden. Ich schwor mir, durch meine Taubheit zu atmen und mich nach Liebe zu sehnen. Unter all meinem Bedürfnis nach Macht befand sich eine direkte Sehnsucht nach Gott und nach Gottes unablässigem wahrem Sehnen nach mir.

In Belo Horizonte öffnete ich mein Herz. Ich atmete durch das tiefste Koma der Taubheit und durchlebte alle Unfälle meines Lebens von neuem. Ich sah viele Momente, in denen ich von Situationen überwältigt war und mich hilflos, hoffnungslos und desillusioniert fühlte. All dies resultierte in dem flachen Atmen, das mein Leben strangulierte.

Wie ich bereits zuvor erwähnt habe, hatte ich davon geträumt, während eines Stadtfests in einem Boot zu sterben, während ich eine Statue der Schwarzen Madonna in den Armen hielt. In jenem Leben hatte niemand meinen Körper aus den Fluten des Ozeans geborgen, und daher war ein Teil meiner Seele immer noch unter Wasser gefangen und konnte nicht atmen. Ich war in vergangenen Leben gehängt, guillotiniert und erwürgt worden und erkannte nun, daß die Kehle der wichtigste Punkt ist, an dem wir Leben nehmen und durch den wir den Körper im Tod verlassen. In mir fand eine Explosion statt, und ich sah, wie sich ein Muster selbst wiederholte. Ich mußte aufhören, meinen Atem zu kontrollieren, und meine Kehle öffnen - ich durfte keine Angst mehr davor haben, das Leben einzulassen.

Es vergingen Monate, bevor ich meinen Kiefer entspannen konnte. Ich mußte aufhören, in Taubheit und Isolation zu ertrinken. Ich mußte meinen Körper fühlen und aus meinem Kopf herauskommen. Mein Verstand hatte eine angeborene Angst vor Wasser, und doch befinden sich die Mehrheit der Planeten in meinem Horoskop in Wasserzeichen. Ich mußte wieder in das Wasser eintauchen. Ich wachte in Belo Horizonte auf und atmete, bis mein Körper vor Bewußtheit kribbelte: Ich atmete die Angstreaktion der Panik aus und atmete Gottes Liebe und Akzeptanz der Veränderung ein. Ich fand wieder Hoffnung und lernte, nicht aufzugeben.

Brasilia

Der Ort, an dem sich die Hauptstadt von Brasilien befindet, war bis in die frühen 1960er Jahre eine leere Steppe, bevor dort eine ganze futuristische Stadt gebaut wurde. Die Stadt erinnert mich an die Fernsehserie *The Jetsons**. Sie ist der Traum eines Architekten: Alle Straßen wurden geplant. Alle Regierungsgebäude liegen in einem

* A. d. Ü.: Amerikanische futuristische Zeichentrickserie über eine Familie mit ganz alltäglichen menschlichen Problemen

Bereich, die Einkaufszentren in einem anderen, und die Wohngebiete liegen, der Bequemlichkeit wegen, separat. Diese Stadt hat die höchste Selbstmordrate Brasiliens.

Mein brasilianischer Organisator nahm mich zum *Templo da Boa Vontade* mit, was übersetzt »Tempel des guten Willens« bedeutet. Es ist das Zentrum einer metaphysischen Religion, die von Alziro Zarir gegründet wurde. Sie erhält ungeheure Spenden, und der Tempel ist nach brasilianischen Maßstäben großzügig ausgestattet.

Der Haupteingang besteht aus einer riesigen Marmorpyramide mit einem herrlichen Kristall im Zentrum des Dachs. In den Boden ist eine gigantische Spirale aus schwarzem und weißem Granit eingelegt. Schweigend zogen wir unsere Schuhe aus und gingen auf der Spirale bis zur Mitte, wo sich ein solides goldenes Viereck befindet. Wir wandten uns einer abstrakten Skulptur von Roberto Moriconi zu; sie trägt die Bezeichnung »Gottes Thron und Altar«. Beim Eintritt in die Spirale geht man auf dem schwarzen Granit gegen den Uhrzeigersinn, was die schwierige Reise zur Mitte und ins Gleichgewicht symbolisiert. Dies ist der Pfad der moralischen und spirituellen Werte, die von den Menschen erreicht werden, und er endet vor dem »Thron Gottes«.

Der Rest des Gebäudes ist mit Gärten, Gedenkstätten, Räumen der Stille, Kunstgalerien, Brunnen mit Kristallen und mit durch Aquädukte fließendem Wasser gefüllt. Der ägyptische Raum ist mein Lieblingsraum. Mein Freund und ich haben ihm den Spitznamen »blauer Raum« gegeben. Wir bezahlten eine Eintrittsgebühr wie in einem Vergnügungspark. Aber der Besuch war die Spende wohl wert.

Der Raum ist mit prächtigen violett-blauen Teppichen, Altären und in Gold geritzten Gemälden geschmückt, wodurch eine authentische ägyptische Tempelumgebung geschaffen wird: Es sind viele blau-violette Samtstühle vorhanden, die sich für Astralreisen in bestimmte Winkel neigen lassen. Gruppen von Menschen saßen in entfernten Ecken des Raums, um Astralreisen durchzuführen und ihren Geist zu erfrischen.

Ich saß auf einer schönen ägyptischen Couch bei gedämpftem Licht und besonderer, von Ägypten inspirierter Musik im Hintergrund. Vor mir stand ein riesiger goldener Thron, dessen Zugang mit einem Seil versperrt war. Die Decke war mit Sternbildern von den Pleiaden, von Orion, zusammen mit Nibiru, und mit anderen Planetensphären bemalt.

Ägyptische Gottheiten, einschließlich Anubis, stellten sich mir vor und nahmen mich zu den Wächtern der Schwelle mit, die alle meine Motive und Handlungen in Frage stellten. Sie zeigten mir mein Ego und meine Unzulänglichkeiten. Sie schnitten meinen unteren Astralkörper mit einem scharfen Messer ab und brachten mich zu einem Altar, um Wein zu trinken und Brot zu essen - eine Art Kommunion des Paraklets.

Ägyptische Gestalten begleiteten mich durch ein Sterberitual. Ich rekapitulierte mein gesamtes Leben und sah die wichtigsten rituellen Ereignisse auf einem Bildschirm. Ich kam schnell zum Höheren Wächter der Schwelle. Ich verbeugte mich auf dem Altar und sah Sophia als Isis, die sich mir zu erkennen gab und meinen Platz in dem Ritual einnahm. Isis schritt durch Doppeltüren und führte mich zu einem kosmischen Christus, der so strahlend wie die Sonne und mit Isis/Sophia in einer Ehe verbunden war. Ich nahm den Kelch ihrer Einheit wahr, eine Einheit, die ich schmecken und atmen konnte. Der Erzengel Michael kam und führte mich durch einen Raum mit Löwengesichtern, in dem ich mit dem Löwen kämpfen und ihn zähmen mußte. Dann stand ich einem Drachen gegenüber, und mit Michaels Hilfe sah ich meinen eigenen Drachen und meine emotionale Natur. Zuletzt passierte ich die vierte Dimension der Tiere und sah Pflanzen und Elementarwesen. Dann wurde ich Zeuge einer Reise zu den Sternen. Die Pleiaden zeigten mir verschiedene Ausrichtungen der Sterne und den Ursprung der Elektrizität. Ich sah den Pfad von Niribu und seine Wirkung auf die Menschen. Ich durchlief ein von Sirius, dem Sternbild Ursa Major (der Große Bär) und den Pleiaden gebildetes Dreieck. Sie gaben mir radioaktive Mineralien zum Anfassen, und ich stand einem seltsam aussehenden Wesen namens Ahriman gegenüber. Er war wegen meines Fortschritts über die materielle Form hinaus unglücklich und versuchte, meine Leichtfertigkeit mit Steinen und Schwerkraft zu belasten. Ich wurde zu transparentem Äther. Ich wanderte zu schnell zwischen den Dimensionen hin und her. Ich wollte den Willen haben, langsamer zu werden und mich zu erinnern und über die Reise des Selbst zu grübeln.

Als nächstes fand ich mich Luzifer gegenüber, er wollte, daß ich ein sexueller, sinnlicher, ekstatischer Dionysos war, in verschiedene mystische Trancezustände eintrat und als Medium wirkte. Ich lehnte sein Angebot ab, und er reagierte enttäuscht. Ich sah die Selbsttäuschung und die illusorischen Welten, die von Luzifer erschaffen werden. Ich entschied, nicht in einer Phantasiewelt zu leben. Dann wurde ich zu einem Abgrund, einer Leere begleitet. Ich hätte in Kristallstädte eintreten und wunderbare Anblicke sehen können, aber ich lehnte sie ab. Ich beschloß, hier zu bleiben und einen Gedanken der Zugehörigkeit zu allem zu haben. Dann tat ich einen Dienst aus Weben und Entdeckung, eine imaginäre Arbeit in anderen Welten. Die Vorstellungskraft ist der Schlüssel zu den ätherischen Welten.

Mein Freund stand auf und berührte mich an der Schulter. »Es ist Zeit, Foster, komm zurück. Erde an Foster!« Ich kam sofort zurück und fühlte mich erfrischt und verändert. Mein Freund flüsterte: »Wir müssen jetzt nach Alto Paraiso fahren.«

Alto Paraiso

Drei Autostunden entfernt lag das Paradies in großer Höhe, »*alto paraiso*« auf portugiesisch. Während wir uns der Stadt näherten, las ich auf Schildern an der Autobahn, daß diese Stadt das »Herz des Lichts für eine neue Zivilisation auf dem Weg in das neue Jahrtausend« ist. Mein Hotelzimmer hieß der »Diamantraum« und war voller tibetischer Thangka-Gemälde und Aquarelle von Engeln. Das Badezimmer war mit einem Bild von Zwillingen geschmückt, die in ein Höheres Licht aufstiegen.

An diesem Abend hielt ich einen Vortrag in einem Saal mit einer großen Kuppel, der von Wasser umgeben war. Wir gingen auf einem Steinpfad im Fluß über ruhiges Wasser, um in die Kuppel einzutreten. Sie war vom Fußboden aus mit einem düsteren Umgebungslicht beleuchtet. Die Kuppel bestand aus einer riesigen Zwiebelform in Weiß, und mir gefiel ihre Einfachheit und ihre Gestaltung. Hier sang ich ein Lied an Logos, ein Lied, das ich im »blauen Zimmer« gehört hatte. Ich schien mich von Tempel zu Tempel zu bewegen. Ich fühlte die Qualität der Verpflichtung in diesem Saal, während wir die Geschichten von der *Springenden Maus* und *der Jungfrau ohne Hände* erzählten.

Die Luft in Alto Paraiso war klar. Viele Menschen liefen tatsächlich herum und sprachen mit verschiedenen

Geistern und Göttern. Sie channelten den Kosmos. Zumindest war dies, was mir meine Führerin und mein Organisator erklärten. »Es ist ein verrückter Ort voller Channel, Visionäre und Kraftplätze. Viele Menschen sprechen hier mit Außerirdischen, insbesondere die Kinder.« Ich schien perfekt hierher zu passen. Ich machte Späße über meinen Zugang zu anderen Dimensionen. Hier ist das eine ebenso ernste Angelegenheit wie andere Dinge.

Wir verbrachten den nächsten Tag in Solarian. Mila, unsere Führerin, bereitete uns ein nahrhaftes Mittagessen aus den Pflanzen vom Boden des Waldes zu. Sie schützt das Land als Hüterin, pflanzt Rosenbüsche, Gemüse und Bäume und spricht mit den Elementarwesen. Sie zeigte uns den »Erzengelwasserfall«. Zuerst mußten wir mit 45 Leuten im Schlepptau eine Brücke überqueren, die aus Ästen und Rinde gebaut war. Die erhöhte Brücke befand sich über einem Fluß mit Stromschnellen. Es konnte jeweils nur eine Person auf einmal die Brücke überqueren, da sie schwankte und klapprige Geräusche von sich gab. Sie war instabil, bestand aus mehreren Ebenen und war etwas gefährlich. Es war eine Initiation, und ich sprang praktisch vor Begeisterung darüber.

Der Wasserfall war so riesig, daß wir nicht in seine Nähe gehen konnten. Er hämmerte vor Lärm und Energie. Wir alle standen ehrfürchtig davor und bewunderten seine Erzengel-Präsenz. Der Wasserfall lud uns ein, im Wasser zu schwimmen und Gebete zum Lob der Macht und der Herrlichkeit der Schöpfung zu singen. Wir schmückten unser Haar mit Blättern und trugen Stäbe aus Zweigen. Wir wanderten voller Freude über dieses Paradies zurück.

Während meines Workshops kamen zwei Leute, die keine Absicht zeigten, für den Workshop zu bezahlen. Sie mißachteten die Bitten meiner Organisatoren und stürmten in das Seminar, wobei sie alle zahlenden Teilnehmer zur Seite drängten. Am nächsten Tag berief ich einen Rat ein, um ihnen gegenüberzutreten.

Das Einberufen eines Rats ist eine uralte Tradition, bei der eine andere Person mit aufgetretenen Problemen konfrontiert wird, indem ein Altar zur Vermittlung aufgestellt wird. Der Altar stand zwischen den beiden Parteien, und wir wurden angewiesen, nur zu dem Altar zu sprechen, wenn wir an der Reihe waren. Zwei Menschen auf jeder Seite vermitteln in dem Streit. Die Person, die den Rat einberufen hat, spricht zuerst.

Ich erklärte die Situation auf faire Weise und bemerkte, daß dieser Rat einzigartig sei, weil ich damit vielen die Gelegenheit zum Sprechen gab. Das Paar, das in den Workshop gekommen war, ohne zu bezahlen, und das ich Saul und Luna nennen will, wollte sehr gerne Teil der Gruppe sein. Saul erklärte, daß er kein Geld habe und daß er mir statt dessen eine Halskette zum Geschenk machen würde. Er wollte keinen Mangel an Respekt ausdrücken. Seine Freundin weinte und sagte, daß man sie beide mißverstehen würde. Als nächstes sprach mein Organisator darüber, daß er sich nicht geachtet fühlte. Dies war seine Prüfung, in der er schließlich für Selbstausdruck, Autorität und Regeln eintrat.

Als nächstes sprach eine große Gruppe von Frauen. Offenbar waren zahlreiche Frauen in der Gruppe Liebhaberinnen von Saul gewesen. Er wurde beschuldigt, mit Drogen zu handeln, Frauen Energie zu nehmen, Macht zu stehlen, ein Buhle zu sein und unehrlich und verführerisch zu handeln.

Meine Freundin Samvara, die in Alto Paraiso lebt, fühlte sich von Saul persönlich angegriffen, als er über ihre zerbröckelnde Freundschaft sprach. Sie hatte ihm geholfen und ihn unterstützt, und er hatte sie viele Male betrogen. Samvara ist eine ehrenhafte und schöne Frau. Sie kämpft mit Unvoreingenommenheit, Ehrlichkeit und Leidenschaft. Sie ist eine großartige Führerin und Lehrerin für viele Brasilianer. Sie liebte Alto Paraiso, und sie forderte Saul mit ihrer Willenskraft und ihrem Mitgefühl heraus.

Jede Frau, einige von ihnen schreiend und weinend, erzählte, wie sie in der Vergangenheit von Männern verführt worden war und wie diese Männer sowohl ihre Lebenskraft als auch ihr Geld genommen hatten. Die Frauen lernten, daß Verführung keine Liebe ist. Sie hatten sich erlaubt, in Zeiten ihres Lebens, in denen sie verwundbar waren, manipuliert und benutzt zu werden. Sie arbeiteten sich durch den Prozeß, endlich damit Schluß zu machen und nein zu sagen. Sie fanden den Mut, reifer zu werden und klare Grenzen bezüglich Selbstachtung und Selbstwert zu setzen. Sie lernten, daß Selbstwertgefühl, Intuition und Disziplin in der Liebe wichtige Attribute im Leben einer Frau sind. Sie würden sich nicht wieder täuschen lassen, sich in die Idee von Liebe verlieben oder in das Potential eines Mannes anstatt in sein tatsächliches Selbst. Sie würden nicht länger naive Frauen sein.

Saul war bis in sein Innerstes erschüttert. Er kannte seine Verführungsmuster. Er sagte immer wieder, daß er sich ändern würde, aber seine Handlungen sprachen eine andere Sprache. Ich erzählte der gesamten Gruppe von meinen persönlichen Problemen mit Verführung. Ich erklärte Sauls Mißtrauen in Autorität, insbesondere die Brutalität seines Vaters. Sein Bedürfnis nach starken Männern in seinem Leben wurde durch seine Handlungen des Selbstmitleids sabotiert. Ich riet ihm, sich eine Gruppe von Kameraden zu suchen, die ernsthaft, stark und ausgeglichen waren, damit er die Verführermuster seines Vaters überwinden konnte. Er mußte damit aufhören, wie sein

Vater zu sein: Affären zu haben, während er verheiratet war, und seinen Sohn zu mißbrauchen. Saul, der Sohn, schlug nach seinem Vater und mißbrauchte sich selbst. Ich erklärte ihm, wie ich mich selbst durch Verführung sabotiert und gelernt hatte, meine Unzulänglichkeiten und Muster zuzugeben und auf klare Weise zu handeln. Wir sprachen darüber, daß Männer Affären ablehnen müssen und ihren Geschäftspartnern oder Freunden nicht die Frauen wegnehmen dürfen; darüber, daß Verführung eine Bindung an die Mutter ist, ein Bedürfnis, Energie und Beistand von Frauen zu bekommen. Verführung saugt Frauen die Liebe wie ein Vampir aus. Wie unsicher und ängstlich Männer werden können, wenn sie die »Mutter verlieren«. Saul verwandte seine Energie darauf, von allen anderen durch Tricks Aufmerksamkeit und noch mehr Aufmerksamkeit zu bekommen. Es war niemals genug. Er fühlte sich nicht wert, sich selbst zu lieben, und brauchte die Spiegel der Bewunderung um sich herum. Er glaubte sogar an das Bild, das die Frauen von ihm hatten.

Saul und Luna wurde mit einem knappen Abstimmungsergebnis nicht erlaubt, in der Gruppe zu bleiben. Die ganze Gruppe bestimmte dies auf demokratische Weise. Ich bot ihnen Verzeihung ohne Verurteilung an und sprach über Muster und Familiensysteme. Sie waren dankbar. Es lag jetzt an ihnen, diese Erfahrung zu integrieren und die Lektion zu lernen. An diesem Tag verließen auch andere Leute die Gruppe. Sie vertrauten mir an: »Ich kam für den Moment, an dem ich meine Wut auf ihn ausdrücken und sie dann gehen lassen konnte. Als die Wahrheit über ihn ans Licht kam, verstand ich meine Rolle als Verführer. Durch den Rat fühlte ich mich von meinen eigenen Mustern vollständig verteidigt und geheilt. Jetzt kann ich in meinem Leben weitergehen.« Ich hoffte, das gleiche tun zu können.

Danach wollte ich mein Privatleben von meiner Arbeit trennen. Ich brauchte Kameradschaft und Stabilität in meinem Privatleben. Ich stellte klare, deutliche Grenzen auf und erhielt sie aufrecht. Meine Arbeit in Brasilien blühte auf und wuchs, und ich verließ den Kontinent mit einem vollen, disziplinierten Herzen. Ich liebte mich endlich selbst, und mir wurde gewährt, von vielen Menschen geliebt zu werden. Ich ließ mich von der Liebe im Innern schmücken. Ich hatte eine enge Bindung zu einer Gruppe von Kameraden; mit ihnen zusammen prüfte ich alle Handlungen und Gedanken. Wir blieben fest auf dem Pfad der Selbstprüfung und Erleuchtung. Mit meinen männlichen Freunden in Brasilien konnte ich spielen und trauern. Die Saat für eine brasilianische spirituelle Familie war gelegt worden.

Jenes Land ließ mich in das violette Bardo eintauchen. Ich mußte ganze Leben aus Machtkämpfen in Beziehungen umwandeln. Das Bardo ist eine Zeit des Sterbens des alten Selbst - ohne gefühllos zu werden - und des Siegs über den Tod durch den Erhalt von Gottes Liebe. Gefühllosigkeit geht Macht, Verführung und zwanghaftem Verhalten voraus. Das Zugeben der Gefühllosigkeit ist der erste Schritt. Der zweite Schritt besteht darin, sich ohne Zwang hindurchzuatmen. Wenn die Zeitbombe im Innern gefunden und entzündet wird, ist ein Mensch auf das violette Bardo, auf eine Lawine der Veränderung, vorbereitet. Brasilien wurde zu meiner Zeitbombe. Ich mußte dorthin reisen, um ein vergangenes Leben der Verführung zu beenden und magische Entdeckungen zu machen. Ich mußte mit meiner Sexualität und meinen Problemen bezüglich Macht aufräumen, um diesem Land mein Bestes in meiner Arbeit geben zu können. Ich mußte die Väter sterben lassen und durfte mich ihres rechtmäßigen Erbes nicht schämen. Ich mußte die alten Könige der Macht durch das violette Bardo in Könige der Liebe verwandeln. Ich mußte mich auf aktive Weise hingeben, um Liebe als Geschenk, als Wunder zu erhalten und meine Heilung zum Auffüllen meiner Seele zu beanspruchen. Dies war der Tod der Gefühllosigkeit und der Anfang eines tieferen körperlichen Gottesatems in der reinen Erfahrung.

Kapitel 9

Der Traum von einem Stier

Der Anfang war Leere. Das erste Ding, das im Herzen der Leere entstand, war ein Baum. Der erste Baum entsprang einer Gebärmutter aus Energie, und aus seinen Millionen von Knospen sproß die ganze Schöpfung.[1]

SCHÖPFUNGSMYTHOS DER MAORI

Bei meiner Rückkehr in die Vereinigten Staaten begann ich zu sehen, wie Südamerika und insbesondere Brasilien den Schlüssel zu einer neuen Art des Schamanismus in sich trugen. Durch persönliche und kollektive Umwälzungen wurden viele Menschen traditionellen schamanischen Einweihungen unterworfen. Es gibt zehn dieser Einweihungen:

1. der Zusammenbruch des normalen Lebens und der Rückzug von der alltäglichen Welt, gefolgt vom Rückzug in das Spirituelle, der durch eine Krankheit oder einen Ruf, sich zu isolieren und für eine bestimmte Zeit von der Gesellschaft zurückzuziehen, verursacht wird;
2. ein Kampf mit den eigenen Dämonen oder, wie die Griechen sie nennen, den Daimonen. Hierbei beginnen die psychologischen, spirituellen und körperlichen Prüfungen mit einem Rückblick auf die spirituellen Aspekte der eigenen Geburt oder vorgeburtlicher Erfahrungen;
3. Besetzung durch archetypische Realitäten oder Geistwesen, die einen Menschen in eine freiwillige Sterbe-

erfahrung initiieren. Wenn die Schamanen diese Geister nicht ehren, zeigen sie sich später in Form anderer Menschen. Oftmals erscheinen sie in Gruppen, wenn diese Konfliktsituationen durchleben;

4. eine Erkenntnis der eigenen Verletztheit aus der Kindheit. Frühe Gefühle des Verlassenseins oder des Mangels an Liebe von einem Vormund oder Elternteil werden bewußt - die Psyche ist in einem frühen Stadium, bevor sich das Ego bildet, verwundbar und offen für die imaginären Reiche;
5. Abstieg in das Unbewußte über einen längeren Zeitraum, gefolgt von einer Rückkehr aus der Unterwelt mit einem Traum von Vögeln oder Tieren, die dem Geist helfen, zum Körper zurückzukehren;
6. die Entstehung sozialer Sorge um andere und die Entwicklung ihrer Seele durch das Öffnen der eigenen Wunde und des Freisetzens ihres Potentials zur Heilung anderer;
7. ein Interesse an oder eine Pilgerwanderung zu heiligen Orten, um Visionen von Vorfahren, Geistern und Göttern zu haben;
8. Loslassen überholter Lebensweisen. Mitgefühl für sich selbst und andere sowie eine neue Verbundenheit zu allem Leben entsteht. Eine Zeit des spirituellen Kriegertums beginnt mit besonderen Träumen oder Flügen, die dabei helfen, andere zu heilen oder mit Talenten der spirituellen Welt zu arbeiten;
9. eine Rückkehr zu der Gemeinschaft oder der Welt, die ein Mensch hinter sich gelassen hat, um seine Arbeit und seine Ausbildung mit Bescheidenheit und Naturverbundenheit zu beginnen. Die Heilung unterdrückter Instinkte geht weiter, während der Schamane die Schwelle zwischen den Gegensätzen findet und dort lebt. Schamanische oder Chiron-Heiler müssen bestän-

dig dem Chaos ihrer eigenen mentalen Prozesse gegenübertreten und eine neue Form der Kommunikation zwischen Verstand und Instinkt lernen;

10. Handeln in Übereinstimmung mit dem Regenbogen, eine Harmonie aus Himmel und Erde, die neue Bedeutung und neues Bewußtsein mit Urteilskraft in die Welt bringt. Hierfür benötigt man klare Grenzen zu anderen und Zeit für Ruhe, Erneuerung, Einsamkeit und Feier.

Nach meiner Zeit in Brasilien hatten meine eigenen persönlichen Prüfungen gerade begonnen. Ich mußte ebenfalls der Wiederholung emotionaler Muster aus meiner frühen Kindheit gegenübertreten, die aus meiner Beziehung zu meinen Eltern resultieren. Chiron ist der Lehrer dieser neuen Schamanen, Heiler und Praktiker in einer neuen Form der alternativen Medizin. Er begann, mich auf die vor mir liegenden Prüfungen vorzubereiten.

Chiron zeigte mir in einem Traum zuerst einen Bergahorn. Er wies mich an, niemals an einem solchen Baum vorüberzugehen, ohne dessen Geist anzuerkennen. Ich wurde angeleitet, eine Frucht von einem Ast zu pflücken und zu beobachten, wie eine helle weiße Milch daraus fließt. Er erzählte mir, daß Bäume die Fruchtbarkeit der Frauen gewährleisten, über deren Kinder wachen und sie beide vor bösen Geistern beschützen. Chiron erklärte, daß Frauen in der Vergangenheit Weiden- und Pappelbäume um Fruchtbarkeit gebeten und Geschenke und Gebetsopfer unter ihren Zweigen ausgebreitet haben. Der Baum selbst war eine Frau, die mit Ölen und Düften gesalbt, mit Kleidern geschmückt, mit Blumen reich verziert und bei der Geburt eines Kindes geehrt werden mußte.

Der Wald war ein Ort der weiten, tiefen Stille, an den die Ältesten gingen, um zu sterben. Sie wurden unter großen hohlen Wurzeln beerdigt, und viele Bäume wurden als Gräber ausgehöhlt, um die Toten auf ihrem Weg zur Wiedergeburt über die Gewässer zu tragen.

Das Leben ist so lang, wie die Wurzeln eines Baums tief sind. Bäume werden zu heiligen Wohnstätten für uralte Götter und Geister, heiligen Orten der Ehrfucht und der Ehrerbietung. Die früheste Form der Tempel waren Bäume. Bäume waren einmal das Zentrum des Dorflebens. Das Sitzen im Schatten eines heiligen Baums verlieh Inspiration und Weisheit. Zu einer bestimmten Zeit waren die Bäume heiliger als Menschen, und einem Baum zu schaden konnte einem Mann das Leben kosten.

Chiron erklärte mir meine Liebe zum Wald der Wandlung. Er sagte mir, daß der Baum die Ewige Mutter ist. Sie ist eine sichere Zuflucht, ein Obdach, und sie nährt ihre Kinder. Die Koniferen - Zedern, Pinien, Zypressen, Fichten und Redwood-Bäume - machen die Welt grün und existieren heute so, wie sie es vor vielen hundert Millionen von Jahren getan haben. Sie sind beständig, unverändert, immergrün und stellen ein Symbol für die andauernde Energie der Erde dar. Chiron sprach über den Baum des Lebens, einen Baum, der sich an alle Zeitalter erinnert und sie vereint.

Ich begriff, daß ich in der Zukunft in New Mexico am Ufer eines Flusses in einem Haus leben würde, das von großen älteren Bäumen ungeben war, und daß ich einen Obstgarten für ein langes Leben pflanzen würde. Dadurch würde ich meine Erfahrungen in Brasilien erden, und ich würde erkennen, wie die inneren Muster und die Gestalt der Welt sich selbst erneuern.

Ich fragte Chiron, warum ich in den Dschungel gehen müsste, und er erklärte mir, daß einige Heiler Feuerschamanen, Regenmacher oder Wolf-, Adler- oder Bärschamanen seien, mein Talent jedoch vom Wald komme. Dies war die Zeit der Reinigung. Eine Zeit, in der ich mich durch meinen Geist mit Gott und den Weisheitsgeistern der Bäume verbinden konnte.

Chiron lehrte mich, daß Schöpfung, Kosmos und Geburt Chaos vorausgeht. Wenn ich durch den Wald der Wandlung auf neue Art sehen wollte, mußte ich verstehen, wie ich dem Chaos in meinem eigenen Leben widerstand. Er erklärte: »Chaos ist die Substanz der *prima materia*, der alchemistischen Transformationsarbeit. Du bist wie zwei Fische, die zusammengebunden sind und unter einem Baum in einem majestätischen Wald in entgegengesetzte Richtungen schwimmen. Du wirst dich selbst täuschen und dein Herz in zwei Stücke zerreißen. Du wirst deine eigenen emotionalen Manipulationen und gleichzeitig, in einem verwirrenden Zusammenfluß der Kräfte, deine Transzendenz der Gegensätze entdecken. Der eine Fisch möchte ein Individuum bleiben, und der andere möchte diese Individualität zerstören und in der weinroten See der Gebärmutter bleiben. Wie könntest du nicht von dem materiellen und emotionalen Chaos überflutet werden, das durch dein Leben kommt und geht? Ignoriere diese Ideen nicht. Ich bin der Wald, in dem die tiefsten Kräfte der Bäume am höchsten erhoben werden, um dich daran zu hindern, ins Meer zu fallen. Gerade wenn du eine innere Ordnung in deinem Leben aufgebaut hast, nimmt sie dich zu sehr in Anspruch, und du wirst wieder in das Chaos eintauchen.

Fühle dich niemals wirklich als etwas Besonderes. Was du brauchst, ist die Kraft des Stiers, die ursprüngliche phallische Stärke. Opfere den Stier des Bedürfnisses, besonders und wichtig zu sein. Du brauchst eine separate Individualität und Macht, um in dein Leben einzutreten. Um den Stier zu essen, wirst du mit deiner eigenen Selbstsucht und ihrem machtvollen Willen und ihrer

Zerstörungskraft konfrontiert werden. Ich, Chiron, werde dich mit deinem reinen Instinkt verbinden, und du wirst deine eigene männliche Stimme und Autorität finden müssen. Du wirst Menschen beneiden, die eine solide Identität besitzen. Du wirst versuchen, die Individualität anderer Menschen in dich selbst aufzunehmen.

Konfrontiere die Menschen, die zu anziehst, die sich Trost und Mitgefühl wünschen, jedoch niemals endende Ansprüche an deine Zeit und Energie stellen. Du mußt starke Grenzen haben und von der Macht der Liebe durchdrungen sein. Du wirst lernen, dich willentlich dieser Macht zu unterwerfen, und der Wald wird in deine Seele eingehen.

Du wirst Zeit für eine kreative Stätte benötigen, wenn deine Empfindsamkeit dich ausgelaugt und überwältigt zurückläßt. Zuerst wirst du dich unsichtbaren Feinden, Täuschung und Desillusionierung stellen müssen. Nichts ist so, wie es scheint. Laß das dein Motto sein. Am Ende wirst du dein Bedürfnis zum Leiden opfern, um ganz zu werden.

Iß den Stier. Das wird dir die Stärke des Kriegers geben.«

Die ersten Monate nach meiner Rückkehr von Brasilien waren mit Träumen von wilden Stieren erfüllt. Die ersten Träume enthielten das Bild eines Stiers, der zu meinen Füßen geopfert wurde. Zuerst wollte ich das blutbefleckte Tier nicht berühren. Ich fand es barbarisch, und nach anschließend folgenden Träumen wurde mir übel. Ich wich meinem Schicksal aus. Schließlich aß ich den Stier, nahm jedoch seine Kraft in mir nicht in Besitz.

Ich weiß, daß Stiere auf Kreta rituell geopfert wurden, damit die Menschen an instinktgeleiteter Fruchtbarkeit teilnehmen konnten. Stiere wurden im alten Griechenland hoch geschätzt, und oft erbat ein König einen teuren

Stier, um ihn einem Gott zu opfern oder um mit den richtigen Gebeten seine Essenz aufzunehmen. In meinem Traum mußte ich den Stier essen und seine männliche Stärke durch ein Gebet an seinen Geist in allen Menschen in mich aufnehmen.

Wochenlang waren meine Gedanken von Fluten emotionaler Launen, Eigensinn und Unaufrichtigkeit eingenommen. Dann leitete ich eine Reihe von Workshops, bei denen ich mit dem Stier konfrontiert wurde, den ich gegessen hatte. Meine erste Herausforderung nach Südamerika erschien in Form der Person von Gitte White Hawk.

Kapitel 10

Gitte White Hawk

Chiron sagte mir: »Deine größte Wunde hat mit der Großen Mutter zu tun. Sei in der Zerstörung ihr Zeuge, und siehe, was sie nicht ist. Als Kind bestand deine Wunde darin, deiner Mutter die Macht zu geben, die verwundete Frau, die Verwundende und die Heilerin von Wunden zu sein. Du hast ihr eine unheilige Macht über dein Leben gegeben. Du hattest das Gefühl, daß ihre Launen dich vernichten würden, und du hast gelernt, Frauen niemals gegenüberzutreten, weil du ihre Ablehnung fürchtest. Lerne, zwischen dir und ihr zu unterscheiden, um dich selbst zu erhalten. Ein Kind kann sich selbst zu allem formen, was eine Mutter haben will, und seine Identität in ihrem Ozean verlieren. Trenne deine verwundete Mutter von den Menschen, mit denen du in Kontakt kommst. Dies sind die Reinigungen des Waldes.«

»You vil have a gud time, everyvun!"* waren die ersten Worte, die Gitte White Hawk ausrief, als unsere Gruppe aus dreiunddreißig Leuten auf dem Campingplatz Puye-Cliff-Dwellings ankam. »You vil act like Indians!"** sagte sie in ihrem starken deutschen Akzent.

Wir alle waren zum San Felipe Pueblo gekommen, um mit der spirituellen Mutter von Gitte White Hawk, einer freundlichen Indianerfrau, ein Fest zu feiern. Sie bereitete fleißig das Essen für den nächsten Tag vor: Mais, Paprika und Wildbret. Gitte und ich hatten uns über Freunde ken-

* A. d. Ü.: engl. (in »Lautschrift« mit starkem deutschem Akzent): »Ihr werdet euch alle gut amüsieren!«

** A. d. Ü.: engl. (in »Lautschrift« mit starkem deutschem Akzent): »Ihr werdet euch wie Indianer benehmen!«

nengelernt. Sie hatte Europa vor Jahren verlassen, um sich bei den Indianern ausbilden zu lassen. Ihre Mutter war eine Tyrannin gewesen, die sie enterbt und ihr das Leben in Liechtenstein zur Hölle gemacht hatte. Sie war nach New Mexico gezogen und ging viele Jahre lang auf Visionssuchen und nahm an Ritualen in Schwitzhütten teil. Nachdem sie ihren spirituellen Vater getroffen hatte, hatte sie sich an das einfache Leben unter den Indianern gewöhnt.

Die Tyrannin, die ihre Mutter widerspiegelte, war in ihrer Tochter immer noch lebendig. Gitte hatte immer wenig Geld, stellte jedoch schöne indianische Medizingegenstände her. Ich entschloß mich, ihr einen 3-Tage-Job zur Unterweisung meiner Gruppe in den indianischen Lehren anzubieten. Da die meisten Teilnehmer in den USA Fremde waren wie sie selbst auch, glaubte ich, sie könnte eine Brücke sein. Ich hatte mich vollkommen getäuscht.

Die Gruppe kam spät an, und Gitte war wütend. Wie konnten wir es wagen, sie warten zu lassen! Ich entschuldigte uns, aber es war schwierig, dreiunddreißig Leute für einen dreitägigen Aufenthalt in der Wildnis zu koordinieren. Gittes Assistentin war wütend auf mich, weil ich ihre Lehrerin verärgert hatte. Dieser Vorfall würde nicht leicht verziehen werden.

Die ersten der sieben versteckten Lektionen, die diese Gruppe durch Gittes Verhalten lernte, waren: 1) Richte dich niemals nach »indianischer Zeit«, und 2) für Zuspätkommen wirst du verurteilt werden.

Als nächstes taxierte Gitte die Gruppe wie eine militärische Anführerin und machte dann ein Feuer für uns, damit wir alle erzählen konnten, warum wir gekommen waren. Die Leute aus meiner Gruppe kamen aus sechs verschiedenen Ländern und sprachen von ihrer Liebe zur

Natur, ihrem ernstgemeinten Wunsch, indianische Lehren zu lernen und Gitte in den nächsten drei Tagen behilflich zu sein. Sie freute sich über unsere Aufrichtigkeit. Wir alle zogen uns nach dem Abendessen in unsere Zelte zum Schlafen zurück. Der Abend war angenehm verlaufen.

Der Medizinmonat ist ein dreiwöchiges Training, das Dawn Eagle Woman, ihr Mann Brian White und ich entwickelt haben. Jeden Tag findet ein neues Training statt, meistens geht es um die subtile Reinigung der verschiedenen Körper – emotionale, physische, mentale und ätherische Körper. Wenn Dawn und ich zusammenarbeiten, haben wir keine andere Absicht, als das zu tun, was für die Gruppe am besten ist. Zu den Aktivitäten gehören das Anfertigen von Masken, Trommelreisen und Reisen in vergangene Inkarnationen, Visualisierungen, Schwitzhütten, Üben von Achtsamkeit, schamanische Körperhaltungen, heilige Tänze, die Kunst der Visionssuche, Kriegertraining und das Herstellen von Körpergemälden, wobei eine Person auf dem Boden liegt und eine andere den Umriß ihres Körpers mit Pastellkreide nachzeichnet. Danach sieht sich die zuvor liegende Person ihren Körperumriß an und erzählt die persönlichen Geschichten der Wunden und schmerzlichen Muster. Anschließend werden diese in den Umriß eingezeichnet. Die ganze Gruppe hört die Geschichten und Mythen des Lebens jeder einzelnen Person.

Zu anderen Prozessen gehört das Loslassen von Wut und Zorn auf heilende Weise, das Lernen der Anwendungen von Blumen- und Pflanzenessenzen und Aromen, Training in Führungsqualitäten und Heilung in imaginären Reichen. Die Männer gehen drei Tage lang in die Wildnis, um zu wandern und persönliche Freiheit zu entdecken, und die Frauen widmen die drei Tage einer unglaublichen Selbstheilung, bei der sie die tiefen maskulinen und femininen Qualitäten differenzieren. Das ganze Ereignis hängt von der Bereitschaft der Teilnehmer ab, der Gruppe zu vertrauen und persönliche Differenzen beizulegen, um Frieden zu den Konflikten, Verständnis zu Ignoranz und Liebe zu Angst zu bringen. Wir sehen, wie Erfahrungen den Weg zu spiritueller Erkenntnis weisen, uns jedoch ebenso in tiefe Selbsttäuschung verwickeln können. Die Gruppe wird zu einem unendlichen Spiegel des Selbst, während jeder Mangel und jede Schicht des Bewußtseins erhöht und aufgedeckt werden.

Gitte stand am nächsten Morgen auf und überwachte die Aktivitäten des Camps. Zuerst verbot sie den Leuten, zu meditieren oder Yoga zu üben, weil dies Indianerland, »ihr« Land, war und die Geister dadurch gestört würden. Als nächstes kam, daß keine andere als indianische Musik auf »ihrem« Land gespielt werden durfte. Außerdem durfte während der Maistänze nur wenig Haut zu sehen sein. Die Männer sollten lange Hosen tragen, und die Frauen sollten ihre Arme und Knie bedecken und den Indianern gegenüber nicht respektlos sein.

Ich habe jahrelang in New Mexico gelebt und unzählige Pueblos besucht, jedoch niemals zuvor jemanden derartige Ansprüche erheben hören. Unsere nächste innere Lektion besagte: 3) Indianer »besitzen« Land. Sie *sind* Hüter des Landes, aber kein Land ist Privatbesitz oder ausschließlicher Besitz, wie Gitte suggerierte. Dies war mit Sicherheit nicht ihr Land, sondern das des Pueblos und des Park Services. 4) bestand darin, daß Indianer gegenüber Meditation, Stille und Achtsamkeit nicht tolerant sind. Gitte erhob Einspruch gegen die ostindischen Einflüsse, während die Gruppe indianische Weisen lernte. 5) sagte, daß die Indianer ihre Körper bedecken. Während des Tanzes trug ein Großteil der Zuschauer wegen der drückenden Hitze kurze Hosen und T-Shirts.

Ich sah, wie sich eine Konfrontation anbahnte.

Wir erlebten an diesem Tag ein wunderbares Festmahl, Töpfereidemonstrationen und einen riesigen Maistanz. Ich hatte pro Person fünfzehn Dollar für das Fest als Spende an den Stamm bezahlt. Gitte wollte mehr Geld. Sie führte einen Deckentanz aus, bei dem sie eine Decke auf den Boden warf, ein wenig herumsprang und von uns erwartete, daß wir Geld und Opfer auf die Decke warfen. Dieser Tanz wurde mehrere Male wiederholt, bis Gitte genug Geld eingesammelt hatte. Sie nahm schnell die Decke und ging zu ihrem Zelt, während wir verblüfft stehen blieben.

6) In dieser Lektion vermittelte Gitte den Eindruck, daß Indianer habgierig sind. Gitte war habgierig, nicht die Indianer, und sie hatte gerade die Grenze zum Mißbrauch ihrer Autorität überschritten.

Wir waren kurz davor, zu explodieren. Gitte entschied dann, uns in zwei Gruppen aufzuteilen – ›Teile und herrsche!‹ – eine Methode, die auf den französischen König Ludwig XI zurückgeht. Sie nahm die (in ihren Augen) fortgeschritteneren Schüler und ging mit ihnen in die Hügel, um eine Pfeifenzeremonie abzuhalten. Sie sagte dieser kleinen Gruppe, daß ich nicht wüßte, was ich tue, und daß Dawn nett, aber unfähig wäre. Natürlich wußte nur Gitte, was richtig und angemessen war. Durch die Pfeife verband sie sich mit dieser kleinen Gruppe und benutzte ihre Macht, um ihre neuen Lehrlinge zu blenden. Ein Habicht flog über ihre Köpfe und bestätigte Gittes »Urteilskraft« und ihre Kontrolle über die Situation.

Ein Mitglied jener Gruppe war eine prominente Schamanin aus Salvador, Bahia, in Brasilien. Nach ihrer Rückkehr von der Pfeifenzeremonie kam sie zu Dawn und mir und erklärte uns: »Gitte ist eine schamanische Lehrerin des Hasses. Sie lehrt mich, wie man nicht handeln darf.

Sie mißbraucht ihre Autorität und legt die Samen für ihre eigene Zerstörung durch ihre Intoleranz. Wir sind hier, um sie mit Mitgefühl zu konfrontieren und ihr einen wahren Weg der Liebe zu zeigen. Wir sind hier, um Schamanen der Liebe zu sein.«

Dawn schwieg und wartete ihren Moment ab, um die Situation umzukehren. Sie vertraute darauf, daß ich eine Auflösung finden würde.

In dieser Nacht beschlossen zwei Heyokah-Kriegerfrauen in der Gruppe, ihre Körper schwarz und rot anzumalen und Zweige und Blätter in ihr Haar und ihre Kleidung zu stecken. Sie sahen wie wilde Naturgeister aus, wilde Frauen des Westens. Sie schrien durch das Camp und tanzten wütend um das Feuer, um ihren Zorn auf Gitte zu exorzieren.

Gitte behauptete, daß der Tanz den Geistern des Landes gegenüber respektlos wäre und das Lager entzweit hätte. Sie übernahm niemals die Verantwortung dafür, daß sie selbst das Lager gespalten hatte, und spielte sich ständig als aufgeblasene Medizinfrau auf. Ihre Assistentin war wiederum wütend auf mich, weil ich zugelassen hatte, daß der Tanz stattfand.

Lektion 7) besagte, daß keiner im Stamm die Erlaubnis hat, er oder sie selbst zu sein oder eine andere Meinung zu haben. Wir alle mußten dem »Häuptling« zuhören. Jede Meinungsverschiedenheit »verärgerte« angeblich die Geister.

Am nächsten Tag war das ganze Lager in desillusionierter Stimmung. Gitte war unser skrupelloser Tyrann. Zuerst versuchte sie uns in ihrem grellen schwarz-roten Spandexanzug einen indianischen Tanz beizubringen. Der Tanz war sehr einfach, aber Gitte machte ihn so kompliziert, daß beinahe alle aufgaben. Sie beschallte uns anschließend in voller Lautstärke mit der Hetzrede eines indianischen Mannes im Gefängnis, der die weißen Menschen beschuldigte, seine Kultur geraubt zu haben. Sein Haß war greifbar. Gitte weinte, stimmte ihm zu und forderte, daß alle Weißen das Land zurückgeben sollten, das »wir« gestohlen hatten. Gitte vergaß, daß sie ebenfalls weiß war. Die Heuchelei war so stark zu spüren, daß die Luft zum Schneiden dick war. Die ganze Gruppe war überrascht und verfolgte die Szene sprachlos.

Schließlich entschlossen sich viele aus der Gruppe zu gehen, wenn ich Gitte nicht zur Rede stellte. Der Zorn und die Wut der Gruppe durchliefen meinen Körper wie einen Kanal. Wir bildeten einen großen Abschlußkreis, und ich erklärte Gitte, daß sie wie eine skrupellose Tyrannin gehandelt habe.

Als nächstes begannen Gruppenteilnehmer, Gitte ihre Wahrnehmung von Gittes Heuchelei zu erklären, wiederholten ihre verschiedenen nebenbei gemachten Bemerkungen und betonten, wie die Gruppe dadurch gespalten worden sei. Dann wandte sich die Gruppe gegen mich und gab mir die Schuld daran, daß sie diesem Schauspiel ausgesetzt worden war. Ich explodierte! Aus der Tiefe meiner Seele erklärte ich, wie wir alle für diese Lektion verantwortlich seien, aber daß ich Gitte nun wegen ihres Mißbrauchs schamanischer Macht gegenübertreten würde.

Ich sagte Gitte, daß es in meiner Verantwortung liege, sie zu feuern. Ich brauchte die Konfrontation mit ihr, stellvertretend für die Auseinandersetzung mit meiner Mutter. Ich mußte mich selbst und die Gruppe schätzen, als Mann handeln und nicht mehr länger im Schatten meiner Mutter leben. Ich mußte auf meinen eigenen Füßen stehen und die Gruppe schützen.

Ich vergab ihr und erklärte, daß wir unsere Zelte abbrechen und jetzt gehen würden. Gitte war sichtbar erschüttert. Sie hatte geglaubt, ich wäre schwach und würde mich niemals gegen ihre Autorität und ihre Kontrollsucht auflehnen. Sie nahm alles persönlich. Ich sagte ihr, daß wir ihr für ihre Lehre dankten, was Medizinleute nicht tun dürfen.

Schließlich war die Gruppe durch meinen Wutausbruch zufriedengestellt und wieder vereint. Wir alle umarmten Gitte und gaben ihr Abschiedsgeschenke. Wir vergaben ihr einzeln und als Gruppe. Gitte hatte immer noch das Gefühl, nichts falsch gemacht zu haben. Wir alle verließen das Lager, und ich gelobte, ein Schamane des Mitgefühls und der Geduld zu sein. Meine eigene Ausbildung war durch skrupellose Tyrannen erfolgt, die mich bedroht hatten, und Gitte hatte der gesamten Gruppe diese Erfahrung nahegebracht und uns herausgefordert, in unsere Macht zu gehen und entschlossen zu handeln. Ich löste an diesem Tag eine tyrannische Energie aus meinem eigenen Körper und meiner Psyche und fand einen tiefen, gewaltlosen Frieden, aber Gitte war nur die erste Prüfung.

Ich erkannte meine Angst davor, meiner eigenen Mutter gegenüberzutreten, wenn sie ungeduldig oder passiv-aggressiv war. Ich hatte niemals das Gefühl gehabt, daß es richtig war, mich gegen meine eigene Mutter aufzulehnen. In vieler Hinsicht ließ ich zu, daß sie mich mit ihren Launen beherrschte. Ich ließ sie Macht über mich haben, weil ich als Kind keine angemessenen Grenzen zu ihr hatte. Gitte hatte eine mysteriöse Rolle dabei gespielt, mich durch eine Schockerfahrung aus meiner alten Gewohnheit herauszuholen. Sie war ein Geschenk.

Kapitel 11

Hawaii

Chiron sagte mir als nächstes: »Werde wie eine Eiche, wie der König des Waldes. Die Mistel, ein Parasit, kann auf der Rinde der Eiche wachsen, und sie ist eine nicht irdische Pflanze zwischen Himmel und Erde. Wenn die Druiden die Mistelzweige zu einer bestimmten Zeit im Mondzyklus von ihren heiligen Eichen schneiden, wickeln sie sie in weiße Tücher und opfern zwei weiße Stiere. Die Paarung von zwei Dingen ist eine mysteriöse Manifestation der Lebenskraft. Lerne von den Menschen, die von deiner Arbeit angezogen werden. Sieh dir an, was abgeschnitten und was geopfert werden muß. Finde die Mistel und die Eiche in jeder Beziehung.«

Ich hatte geplant, zu Beginn des neuen Jahres in Hawaii einen kleinen Workshop für zehn Personen abzuhalten, um uns zu reinigen. Ich wählte dafür die Garteninsel Kauai, weil die alten Hawaiianer dort eine tiefe Verbindung zur Natur hatten. Bei meiner Ankunft besuchte ich *heiaus* oder Tempel in der freien Natur. Ich spürte den der Insel eigenen Sinn für Gleichgewicht, Ordnung und Achtung für diese natürlichen Tempel. Steine waren als Gebetsopfer für die Götter in Ti-Blätter gewickelt und lagen auf Plattformen, die aus geschickt plazierten Steinen gebaut waren, auf denen die Struktur des Tempels ruhte. Die Wärme und der Aloha-Gruß der Insel hüllten mich in Sanftheit, während ich vom Balkon meines Hotelzimmers aus Delphine und Wale beobachtete.

In den alten Gesängen der Hawaiianer konnte ich den Adel der *ali'I* oder hawaiischen Häuptlinge oder Edelleute hören. Ich sah, wie Frauen und Männer nun Macht und

Verantwortung ausgeglichen teilten. Der *Kumukipo* ist der große Gesang, der ihre alte Version der Schöpfung beschreibt. Von der ursprünglichen Dunkelheit bis zu den Göttern, die auf die Erde herunterstiegen und Licht erschafften, ist in diesem Gesang alles mit den genauen Abstammungen aufgezeichnet. Dies sind die Regenbogenmenschen, die die drei Welten des Mystikers verstehen: die höheren, die mittleren und die unteren Selbste, und ihre Abstammung vom Göttlichen. Ich spürte, daß ich hier mehr über den verwundeten Heiler und darüber lernen konnte, wie ich anderen mit ihren Wunden aus der Kindheit helfen konnte.

Kauai ist die älteste der Hauptinseln und wird durch eine *lei*, eine aus Blumen, Muscheln oder Farn hergestellte Halskette, repräsentiert. Die Essenz von Kauai wird durch die *mokihina lei* dargestellt, die eine violette Farbe hat. Die Mo'o Kahuna, die Priester von Ku und Lono, wachen über Ritual und Gebet. Diese machtvollen Priester hüten die Geheimnisse der alten Traditionen. Die Heiler der Insel werden Kahuna Lapa'au genannt. Sie können viele Krankheiten mit einem tiefen Wissen über Kräuter, dem Verständnis davon, wie man Lavaströme umkehrt, und einer Einweihung heilen, bei der sie Gift einnehmen, ohne zu sterben. Sie wissen, wie man mit der Lebenskraft und den *manas* oder Energien der spirituellen Welt Kontakt aufnimmt und sie im physischen Körper »sät«. Ich fühlte, daß sich die Gruppe hier in diesem Gartenparadies entspannen und Frieden finden konnte. Ich war einem Irrtum erlegen. Bei Gruppenworkshops läuft nichts so ab, wie man es erwartet hat.

Nach zwei Tagen auf Kauai wurde ich sehr krank. Ich blieb im Bett und träumte nur von meinen eigenen unterdrückten Instinkten. Meine Lebenskraft wurde angegriffen, und ich fühlte, daß diese Reise der Tod meines alten

Selbst sein würde. Ich träumte von der Na-Pali-Küste, die 1200 Meter über dem Meer thront, und vom Regen auf dem Berg Waialeale. Mein Bewußtsein war von einem starken Wassersog erfüllt, als wenn ich unter die Korallen der Insel getaucht wäre. Vor einem Jahr war ein Hurrikan über die Insel gefegt, und ich konnte immer noch fühlen, wie seine machtvollen Kräfte meine Träume erschütterten. In meinem Unterbewußten begann ein seltsamer Aufruhr, während ich an Krämpfen, Schweißausbrüchen und Fieber litt. Das Paradies war anders, als ich es erwartet hatte. Ich träumte von Zerstörung und sah, wie die Hawaiianer an Krankheiten starben, die von weißen Menschen auf die Inseln gebracht worden waren.

Als Kapitän Cook 1778 das erste Mal auf Hawaii landete, lebten dort schätzungsweise 300.000 Menschen in Harmonie mit der Natur. Innerhalb von 100 Jahren waren nur noch 50.000 Menschen übrig. Ihr Mangel an Immunität gegenüber den Krankheiten der Neuankömmlinge und ihre Enteignung von ihrem eigenen Land durch die Fremden machten viele Hawaiianer bitter und niedergeschlagen. Heutzutage bringt die Aloha-Begrüßung den wahren Geist der Einfachheit, Schönheit, Liebe zur Natur und Akzeptanz von Fremden der ursprünglichen Hawaiianer zurück. Dennoch fühlte ich, daß mein ganzes Wesen sich im Aufruhr befand und die Insel verlassen wollte, bevor ich mich eingelebt hatte.

Der Geist des Waldes kam in meinen Träumen zu mir und versicherte mir, daß diese Reise notwendig war. Ich fühlte mich jedoch, als wenn ich in einem Boot auf rauher See wäre und außer Kontrolle vorwärts und rückwärts schwankte. Ich spürte, wie die Macht des Landes sich durch meinen Körper träumte – die Heliconia, die königlichen Ilima-Bäume, die Ananas-, Avocado- und Mangobäume. Mein Körper begann, das Obst und die ungewohnte Ernährung sowie das Eintauchen in eine andere Kultur abzulehnen. Ich fühlte mich entzweigerissen. Ich wußte, daß ein folgenschweres Ereignis bevorstand.

Die Gruppe kam einige Tage später an. Ich hatte geplant, den Workshop gemeinsam mit einem Freund zu leiten, aber mit einer so kleinen Gruppe hielt ich das für nicht nötig. Am Ende brauchte ich die Hilfe wirklich. Eine Frau hatte ihre erwachsene Tochter mit nach Kauai gebracht, und ich arbeitete zuerst an der Verletztheit der jungen Frau bezüglich ihrer Mutter. Sie war nicht fähig, eine tiefere Verbindung mit einem Mann einzugehen: Ein Aspekt ihrer Beziehung zu ihrer Mutter mußte zuerst geheilt werden. Viele unserer emotionalen Wunden stammen aus unserer frühen Beziehung zu unserer Mutter, weil wir sie zum Überleben brauchen und ihre schreckliche Macht fürchten, uns ihre Liebe zu entziehen. Wir möchten sie so sehr verzehren, daß sie uns niemals verlassen wird. Um diese Wunde zu heilen, sehnte sich unsere Gruppe nach gutem Bemuttern, und in Kauai suchten wir alle nach dem Mutterland, nach der Fülle ihres Festmahls und ihrer nährenden Gaben.

Alle diese unsicheren Gefühle aus der Kindheit tauchen in unserem erwachsenen Leben wieder auf, wenn wir uns nach Macht, Sex, Ruhm, Geld, Essen, Status und dem Verschmelzen mit einer anderen Person sehnen - um jemand anders zu werden. Wenn andere Menschen in uns eine starke Liebes- oder Haßreaktion hervorrufen, fühlen wir uns ihnen ausgeliefert und fürchten die verschlingende Natur unserer Beziehungen. Wir möchten das Objekt unserer Begierde in uns selbst aufnehmen. An dieser Stelle müssen wir uns zusammen mit echtem Verzeihen von der Mutter trennen.

Wir sind zu einer alles konsumierenden Gesellschaft

geworden, die eine Differenzierung von der Mutter braucht.

Dieser Workshop stellte das Thema meiner eigenen Arbeit für das nächste Jahr auf – Sexualität und Verführung der Gewohnheit wegen, Geburt, Tod, Verlust, Verlassenwerden und emotionale Zerstörung, gefolgt von Wiedergeburt und Regenerierung. Die Leute in dieser Gruppe kamen mit den Punkten in Kontakt, an denen ihr emotionales Leben in der Kindheit fixiert war. Zerstörerischer Neid, Liebe und Schulddepressionen kamen in diesem Workshop ans Licht. Um dieses Schattenelement auszugleichen, half uns eine tiefe Quelle der Stärke, Ausdauer und Vitalität von der positiven Seite dabei, uns in unserer Gruppenverbundenheit sicher und beschützt genug zu fühlen, um weiterzuarbeiten.

Ich sah, wie meine eigenen Muster sich in der Heilung der Gruppe spiegelten. Ich lernte, wie wir andere kontrollieren, um uns vor Verlust und vor Verlassenwerden zu schützen. Wir können unsere Verwundbarkeit hinter Launenhaftigkeit oder einer Fassade der Kontrolle verstecken. Ein Mann rauchte zum Beispiel ständig und erzeugte so einen sichtbaren Schirm zwischen sich und dem Rest der Gruppe.

Jeder Teilnehmer in Kauai wollte zu der tiefen Gebärmutter der Urmutter zurückkehren und ihre Dunkelheit und ihre Bemutterung auf der Zellebene spüren. Wir untersuchten, was in uns sterben und in unserem alten Selbst geopfert werden mußte, damit wir uns erneuern konnten. Die rigorose Selbstkontrolle, mit der wir andere vor unserer potentiellen Zerstörungskraft schützen, verursachte Gefühle der Wertlosigkeit, geringer Selbstachtung und der Mangelhaftigkeit. Diese zerstörerischen Gefühle können auf andere projiziert werden und Paranoia verursachen, wie zum Beispiel Böses aus wirklichen oder imaginären psychischen und sexuellen Angriffen abwehren zu müssen. Diese Drohungen sind nicht immer persönlicher Natur. Manchmal übernehmen wir die Schuld für die Tragödien anderer Menschen.

Eine Frau beschuldigte einen Mann in der Gruppe, ihr gegenüber sexuelle Annäherungsversuche zu machen. Sie nahm diese Anklage später zurück und erzählte, wie sie in der Vergangenheit von Männern in Beziehungen hineingezogen worden war. Ihre Erfahrungen mit sexuellem Mißbrauch in ihrer Kindheit kamen an die Oberfläche. Sie begann, eine inzestuöse sexuelle Verbindung zu mir zu fühlen, und ich wies sie auf den Mangel an Grenzen in ihrer Kindheit gegenüber den Menschen in ihrer Familie hin.

Als Gruppe erforschten wir Dreiecksbeziehungen, unbewußte Machtkämpfe und Eifersucht. In Kauai waren Lektionen über Macht, ihren Gebrauch und ihren Mißbrauch alltägliche Themen. Wir mußten in die Dunkelheit unserer Verletzungen blicken, einen Bereich, den die meisten Menschen ignorieren. Die Süße und das Licht von Kauai verschleierten die dunklere Landschaft unserer vergangenen Gefühle der Bestrafung und Übelkeit, die aus dem unterdrückten Unbewußten emporstiegen. Wenn wir diese Dunkelheit akzeptieren, hilft uns Chiron, sie objektiv anzusehen und uns weder damit zu identifizieren noch zu versuchen, sie zu ändern. Wir fühlen uns im Leben mehr zu Hause, wenn wir der dunklen Seite auf bewußte Weise gegenübertreten. Als Heiler konnte diese Gruppe Menschen erreichen, die sich in Schmerz und Dunkelheit gefangen fühlten: Dies war ihr Talent. In der Tat eröffneten später viele Teilnehmer dieses Workshops Heilzentren in anderen Ländern.

Die Beziehung zwischen der Mutter und der Tochter wurde zu einem Fokus für die Gruppe. Jeder bewunderte die Tochter, und die Mutter fühlte sich ignoriert. Die Tochter erhielt ihre Heilung, aber die Mutter konnte ihre nicht annehmen. Ich nahm diese Frau auf einen Spaziergang zur Na-Pali-Küste mit. Schon zu Beginn verstauchte sie sich den Knöchel und konnte kaum weitergehen. Ich überredete sie dazu, weiterzugehen. Sie verwünschte mich, erinnerte sich jedoch daran, wie ihre Eltern sie als Kind ständig dazu gezwungen hatten, Dinge gegen ihren Willen zu tun. Zu ihren Wunden gehörten ein Mangel an früher Liebe und Verbindung zu ihren Eltern. Sie hatte das Gefühl, das Opfer ihrer Mutter gewesen und gezwungen worden zu sein, sich auf bestimmte Weise zu verhalten. Die Frau erinnerte sich, daß sie geglaubt hatte, in den Augen ihrer Mutter niemals gut genug zu sein.

Eine andere Teilnehmerin, ihre Zimmergenossin, begann, für alle Teilnehmer die unbewußte Rolle der Mutter zu spielen. In ihren Handlungen fühlte ich die erdrückende Gegenwart meiner Mutter. Mehrere Teilnehmer wurden ärgerlich auf sie und warfen ihr vor, zu kontrollieren und zu verurteilen. Zu ihrer Hauptwunde gehörte es, als Sündenbock für alle zurückgewiesenen Gefühle ihrer Mutter zu dienen. Auch Chiron war von seiner Mutter abgewiesen worden.

Diese Frau hatte das Gefühl, daß ihre Mutter nicht wollte, daß sie geboren wurde. Sie wurde zum Mittelpunkt für die Leiden aller Teilnehmer in ihrer Kindheit, hatte Atemprobleme, und ihre Gesundheit verschlechterte sich. Sie wurde physisch zum Sündenbock der *Gruppe*, zum menschlichen Opfer für unser aller Leiden.

Eine andere Teilnehmerin gab zu, daß ihre Mutter ihren Ehemann ausgesucht hatte, weil sich ihre Mutter insgeheim zu ihrem Mann hingezogen fühlte. Sie fühlte sich von ihrer Mutter zutiefst betrogen und ließ sich später von diesem Mann scheiden. Dann erzählte sie, wie sie von ihren Cousins sexuell mißbraucht worden war. Sie mußte sich davon lösen, das Liebesobjekt für alle Menschen um sie herum zu sein, und sich ihr geringschätziges Selbstbild verzeihen. Sie mußte Jahre der Machtkämpfe mit einem Ehemann loslassen, der sie dominierte und den sie nicht lieben konnte.

Eine Lawine der Trauer und der Traurigkeit durchdrang unsere Arbeit auf Kauai. Eine Frau geriet außer Kontrolle und begann in ihrer Wut gegen ihre Eltern und ihren Exmann und auf ihre Hilflosigkeit als Kind Klumpen aus dem Boden zu reißen und über ihren Kontrollverlust zu schluchzen.

Eine andere Teilnehmerin übernahm Verantwortung für Dinge in ihrem Leben, die außerhalb ihrer Kontrolle lagen, wie beispielsweise von anderen abhängig zu sein. Sie brauchte ihren Ehemann, damit er für sie sorgte. Sie hatte ihn in der Hoffnung nach Kauai gebracht, daß ich eine Brücke für seine Heilung sein und sie anschließend mehr Freiheit haben würde. Sie trug die Lasten ihres Mannes und ihrer Kinder und hoffte auf eine Belohnung oder auf Anerkennung, aber sie war enttäuscht und weigerte sich, ein neues Leben für sich selbst zu beanspruchen. Sie nahm zuviel auf sich, versagte dann und fühlte sich schuldig, weil sie ihre Verantwortlichkeiten nicht erfüllt hatte. Ihr Bedürfnis nach Unabhängigkeit und Macht wurde durch ihre Scham und ihre Angst unterdrückt. Für ihren Mann war diese Art von Arbeit neu, und er fühlte sich mit ihrem Ausdruck des Verlusts unbehaglich. Er verleugnete, daß er Probleme hatte. Er ließ seine Verteidigungsmechanismen allmählich los, als sich die Schwere im Raum hob und etwas Humor in unseren Prozeß einfloß. Einmal brachen wir angesichts der Absurdität des Ganzen in unkontrollierbares Lachen aus.

Während des Workshops trug jede Person in der Gruppe den Mantel des Außenseiters oder Andersdenkenden, während die jeweilige Person fürchtete, von den kollektiven Idealen, Vorurteilen oder Meinungen der Gruppe überwältigt zu werden. Einige waren besorgt, ob ihre Heilung »richtig« ablief, und versuchten, einem spirituellen Ideal zu genügen. Eine Frau bemerkte, daß sie versuchte, ihre kühlen, distanzierten Eltern zurückzugewinnen. Sie war von Perfektion abhängig geworden und mußte nun innere Freiheit und Hingabe zum Leben finden.

Beinahe alle Teilnehmer in Kauai waren Heiler oder hatten sich einige Zeit mit spiritueller Arbeit beschäftigt. Chiron demonstrierte in unserer Gruppe seine stürmische Magie. Heiler begraben normalerweise ihren tiefsten Schmerz und ihre Fähigkeit, Verletzungen zuzufügen, indem sie anderen helfen. Unsere untere Hälfte ist ein verwundetes Tier, und die obere Hälfte ist der Heiler. Teilnehmer, die sich mit dem verwundeten Teil ihrer selbst identifizierten, wurden zu Außenseitern, Opfern oder Sündenböcken, die traditionell verbannt oder getötet werden. Wenn sie verbannt werden, müssen sie für sich selbst kämpfen. Eine Frau, die an umweltbedingten Krankheiten litt, fühlte sich durch den Prozeß in der Gruppe verbannt und zum Opfer gemacht und fing an, nach Hause zu telefonieren, um etwas Liebe und Akzeptanz zu erhalten. Sie wollte entweder fliehen oder in Ruhe gelassen werden. Ich ließ ihr Zeit, ihre Wunden zu lecken. Die Tatsache, daß sie den Prozeß bis zum Ende mitmachte, war ein großer Segen und zeugte von ihrem Wunsch nach Gesundheit.

Chiron kann durch eine Krankheit oder Krise arbeiten, um unsere Wunden ans Tageslicht zu bringen, über die wir mit Gott zu feilschen versuchen, wenn wir lieber unsere Gesundheit opfern, als eine einseitige oder aufgeblasene Einstellung aufzugeben.

Chiron kann endlos Muster, Komplexe und Ereignisse

herbeiführen, die wir trotz unserer besten Bemühungen, uns zu ändern, wiederholen. Auf diese Weise lehrt er uns, die Dinge loszulassen, denen wir entwachsen sind. Es fühlt sich wie ein endloser Kampf an, obgleich wir einfach nur aufgeben müssen.

Unser erstes Reinigungsritual bestand darin, alle unsere Lügen, Ängste und Unvollständigkeiten aus der Vergangenheit aufzuschreiben – unsere Gefühle des Verlusts, Betrugs, der Verfolgung und der Desillusion. Nachdem wir alle unsere Geheimnisse sorgfältig aufgeschrieben hatten, verbrannten wir die Seiten in der Nähe eines Hindu-Tempels. Dieser Tempel liegt am Fluß Waimea und enthält einen riesigen Kristall, der dabei hilft, eine Absicht zu fokussieren. Während Sadhus um uns herum unter wunderbaren Banyan- und Kikui-Bäumen beteten, verbrannten wir unsere Vergangenheit.

Unser nächstes Ritual war die Rückkehr zu unserer Geburt. Wir atmeten uns durch alle Traumen, die wir bei der Empfängnis oder während der Geburt erlebt hatten. Die Gruppe erlebte Steißgeburten, Zwillinge, die in der Gebärmutter starben, Föten, die von ihren Müttern abgetrieben worden waren, und Babys, die nicht geboren werden wollten und zögerten, bei der Geburt herauszukommen. Diese Erfahrung dauerte zwei Stunden und wurde von tiefem Atmen, dem Öffnen der Gebärmutter und dem Flehen nach physischer und psychologischer Freiheit begleitet.

Die Mütter in der Gruppe erkannten, wie sehr sie zu Sündenböcken für ihre Kinder geworden waren. Sie sahen ihre unterdrückte Kreativität und ihre abgebrochenen Karrieren, die sie geopfert hatten, um ihre Kinder zu bekommen und für ihre Männer zu sorgen. Viele hatten das Gefühl, daß sie getan hatten, was von ihren Familien erwartet wurde, jedoch nicht ihrem Herzen gefolgt waren. Indem sie diesen Verlust zugaben, konnten sie mit ihren

Kindern Frieden schließen und mußten ihre unerfüllten Wünsche nicht länger auf sie projizieren.

Zu unserer nächsten Reinigung gehörte eine Lomi-Lomi-Massage im alten Tempel für hawaiische Heilung. Wir benutzten Salz, Dampfbäder, Saunen und Tanztherapie, um den Schmerz aus unseren Körpern zu lösen. Ein Team von Masseurinnen kam extra von der Insel Oahu zu uns, um an uns zu arbeiten. Sie fühlten sich von unserer Gruppe gerufen, um eine rituelle Reinigung durchzuführen, die noch lange danach auf den Inseln zu spüren war. Jeder Teil unserer Körper - einschließlich der Brüste der Frauen - wurde massiert, um unsere Hemmungen zu lösen und uns von der Angst vor Berührung zu befreien. Es war äußerst ungewöhnlich, aber die Frauen begannen, ihre Körper wieder zu lieben. Die Männern waren ekstatisch darüber, so verwöhnt zu werden.

Der Hula-Tanz war unsere nächste Reinigung. Es ist mehr als nur ein Volkstanz - er stellt den Geist und die Seele der Ureinwohner von Hawaii dar. Dieser Tanz wurde anfangs nur von Männern in religiösen Zeremonien getanzt. Schließlich durften ihn auch die Frauen tanzen, und er wurde vom Theater und von der Oper auf den Inseln aufgenommen. Das sanfte Schwingen der Hüften und die subtilen Wellenbewegungen von Händen und Füßen erzählen eine bestimmte Geschichte. Auch das Singen des »mele« ist ein wichtiger Bestandteil des gesamten synchronen Entfaltens einer Sage. Jeder Körperteil und die Mimik muß beherrscht werden. Wir erlebten den Hula insgesamt dreimal, einmal davon mit traditionellen Gesängen der Adeligen. Jede Erfahrung des Hula-Tanzes war noch befreiender und verspielter. Alle begannen durch Konzentration und Fokus, über die Verbindung mit Instinkt, Körper und Geist zu heilen.

Der Höhepunkt des Workshops war ein Festschmaus,

der zu unseren Ehren von Freunden von mir veranstaltet wurde, die auf Kauai lebten und für uns ein marokkanisches Fest mit Maskentanz ausrichteten, das in einem Bauchtanz-Exorzismus gipfelte. Zuerst wurden wir alle mit Kostümen aus dem mittleren Osten ausgestattet, um unsere jeweiligen Rollen beim Tanz zu spielen. Wir wählten Masken, die unseren inneren Zustand widerspiegelten. Unser Gastgeber weihte uns in den Tanz unserer Schatten ein, der das repräsentiert, was von unserem Bewußtsein unterdrückt und verleugnet wird. Es steht oftmals in direktem Gegensatz zu unserem üblichen Verhalten oder unserer Selbstwahrnehmung. Der Schatten der Gruppe spiegelte deutlich ungelöste Probleme mit den Eltern wider. Gleichzeitig enthält der Schatten jedoch unser nicht entwickeltes Potential. Da der Schatten für das Ego oder unsere Selbstwahrnehmung eine Bedrohung sein kann, besteht die erste Reaktion normalerweise aus Angst, Wut und Abweisung. Weil der Schatten unbekannt ist, wird er oft auf andere projiziert, was sich durch eine starke emotionale Ladung oder eine nicht kontrollierbare Reaktion auf eine bestimmte Person oder Gruppensituation zeigt.

Unser Gastgeber in Kauai besaß die hervorragende Fähigkeit, archetypische Dramen in Form von Theaterspielen zu inszenieren. Im alten Griechenland gingen Menschen zu dem Tempel des Äskulap, eines Schülers von Chiron und des Gründungsvaters der Medizin, der die Toten zum Leben erwecken konnte und dafür bestraft wurde. In Epidaurus im Tempel des Äskulap konnte man Theaterstücke sehen, die von innerer Unterdrückung und Konflikten erzählten. Ein Besuch im Tempel über Nacht führte zu Träumen von den individuellen Wunden und einer Lösung für dieses Paradoxon.

Unser rituelles Reinigungstheater wurde von unserem

Gastgeber so angeleitet, daß wir die Schnur zu unseren Müttern zerschneiden und unseren begrabenen Instinkt finden konnten. Er ließ uns den Tanz von der Maske und dem Spiegel aufführen. Mit einem Spiegel in einer Hand und einer Schattenmaske mit Tierbildern in der anderen tanzten wir mit jedem Teilnehmer die Gruppendynamik. Die Maske war unsere Tiernatur, und der Spiegel unsere Selbstwahrnehmung. Wir mußten die beiden Teile schließlich miteinander versöhnen, was zu einer Bauchtanzorgie führte - einer Katharsis aus wildem, zigeunerähnlichem Tanz der Aufgabe und der Ekstase.

Zwei Bauchtänzerinnen begannen eine schamanische Inszenierung der ungezügelten Emotionen und Verletztheit in unserer Gruppe. Sie bezweckten, unsere Tiernaturen und »zivilisierten« Naturen in einem wirbelnden Spiegeltanz von Selbst und Schatten zu vereinen. Zwei zigeunerähnliche Frauen nahmen das Leiden in unserer Gruppe in einer Reihe von sehr starken, kreiselnden Bewegungen auf sich. Sie inszenierten den Tanz unserer Wunden und unser Öffnen für die Kreativität. Die Frauen tanzten meine Angst vor Verführung und meine Träume von den Zigeunern. Der Tanz eines Teilnehmers spiegelte die Opfer- und Sündenbockthemen einiger von uns, und andere Tänze erzählten von Drogenabhängigkeit, sexuellem Mißbrauch und der Angst vor dem Verlust einer Beziehung und der Abhängigkeit von einem Partner - alles, um der Entwicklung unseres eigenen Willens zu helfen. Der letzte Tanz war der Tanz des Chiron-Archetyps, ein Exorzismus des Opferns, der es uns erleichtern sollte, uns von den Ketten der Selbstverwicklung und des Exzesses zu befreien.

Die Tänzerinnen brachen praktisch zusammen, nachdem sie unser gesamtes persönliches mythisches Drama auf Kauai dargestellt hatten. Ich war dankbar, erleichtert und voller Bewunderung für ihre Arbeit. Die Tänzerinnen fühlten sich persönlich dazu angeleitet, diese Aufführung zu gestalten und den Festschmaus für uns abzuhalten. Es war auch ihre Katharsis. Wir waren nun in das Reich des verwundeten Heilers eingetreten und würden bald Zugang zur Höhle des Eremiten erhalten.

Unser Gastgeber schloß die Zeremonie mit seiner Aufführung ab. Er kam in einem schwarzen Umhang des Urhebers der Nacht, einer verhüllten Gestalt von magischer Bedeutung, hervor. Er war ein Zauberer, Lehrer, Hierophant und Eremit, der gekommen war, um uns von unseren alten Selbsten abzuschneiden. Er öffnete einmal sein Cape: Das Futter war mit mystischen Symbolen und Sternen bestickt. Dann ließ er ein Messer aufblitzen, um die astralen und emotionalen Reste von unseren ätherischen Körpern abzuschneiden. Während er sein Cape öffnete, nahm er seine Maske ab und führte uns auf magische Weise in eine andere Welt. Mir wurde übel, als ob ich eine uralte Einweihung beobachtete. Unser Gastgeber drehte sich lange Zeit im Kreis und schien nie mehr aufhören zu wollen. Der Raum begann, sich in Spiralen nach oben zu bewegen, und die Erde öffnete sich unter uns. Ich fürchtete die Intensität der eskalierenden Vorführung. Unser Gastgeber beendete den Abend mit einem lauten, schmetternden Schrei, und unsere überwältigte Gruppe ging schweigend, um sich in der Ruhe ihrer Hotelzimmer zu erholen.

An diesem Abend versammelten wir uns bei einem Heiau (einem Tempel im Freien) am Rande des Ozeans um ein großes Feuer. Bei dieser Zeremonie verbrannte jeder einen Teil des alten Selbst, und wir verpflichteten uns, in Zukunft den Pfad des Heilers zu gehen. Wir trommelten, sangen, erzählten Geschichten am Feuer und luden Freunde auf der Insel ein, mit uns zu feiern.

Unser Gastgeber erzählte uns die Geschichte seiner Nahtoderfahrung mit Elementarwesen, die im Vorjahr auf die Insel gekommen waren, um Kauai nach dem Hurrikan zu regenerieren. Während dieser Erfahrung war sein Geruchssinn stark entwickelt worden. Er sprach davon, wie die königlichen Familien von Hawaii den Geruchssinn ihrer Steuermänner schätzten. Die Steuermänner lenkten ihre Kanus und Boote anhand der Position der Sterne. Sie besaßen außerdem einen scharfen Geruchssinn und standen mit Deva-Wesen in Kontakt, die ihnen dabei halfen, ihren Kurs zu planen. Unser Gastgeber erklärte, daß das Leben eine Reise auf dem Meer des Unbewußten und unsere Seele ein kleines Boot ist. Um Erdung und Instinkt zu finden, müssen wir unsere Sinne öffnen und einen Pfad durch die Welt ansteuern. Wir beginnen unsere Reise dort, wo wir sie ausnahmslos auch beenden werden, aber hoffentlich werden wir dann mehr Mitgefühl für die heilige Reise bei Nacht und Tag haben. Die Sterne leiten uns bei Nacht, und die Sonne ist unsere Essenz bei Tag. Unsere Spirale geht zu den Tiefen des Leidens der Erde, damit wir in ihrer Gebärmutter wiedergeboren werden können und mit einem neuen Bewußtsein an die Erdoberfläche zurückkehren können. Er hatte uns zu diesem Ort am Ufer des Meeres gebracht, wo er beobachtet hatte, wie die Elementarwesen der vier Richtungen nach Kauai zurückkehrten, nachdem der Wirbelsturm einen großen Teil der Insel zerstört hatte. Viele Hotels waren immer noch geschlossen, und ein großer Teil der Vegetation dieser Garteninsel war von starken Windböen und vom Regen hinweggeschwemmt worden. Die Menschen, einschließlich unseres Gastgebers, der keine Versicherung gegen Wirbelstürme hatte, hatten alles verloren. Die ganze Insel wurde von der Natur gedemütigt und durchlebte ihren eigenen Tod und ihre Wiedergeburt.

Dieser erniedrigende Sturm brachte die Menschen auf der Insel als Ganzes zusammen. Sie mußten gemeinsam daran arbeiten, Kauai wieder aufzubauen. Die alte Energie des Drogenhandels und -konsums verließ die Insel mit dem Sturm. Die Selbstzufriedenheit der surfenden Reichen änderte sich, während sie eine aktivere Rolle beim Wiederaufbau ihres Paradieses einnahmen. Die Schriftsteller, Rockstars, Kahunas und Hotelbesitzer mußten alle ihre Egos zurückstellen und die Zerbrechlichkeit der Insel bei ihrem Wiederaufbau und ihrer Wiedergeburt beschützen. Es gab keine exzessive Bebauung oder Gedankenformen emotionalen Unbewußtseins und der Zerstörung mehr, die den Wirbelsturm hauptsächlich angezogen hatten.

Es mußten praktisch alle Sträucher und alle Bäume neu gepflanzt werden. Die Menschen von Kauai hatten ihren Garten Eden als selbstverständlich genommen und mußten dann aufwachen, um ihre Gedanken und Handlungen zu beurteilen. Vor unserer Ankunft war Kauai durch diese wilde Transformation gegangen. Die Gruppenmitglieder hatten das Gefühl, ihren eigenen persönlichen Wirbelsturm erlebt zu haben, indem sie sich ihren Reisen in die Unterwelt und ihren Stürmen der Vergangenheit stellten.

Unser Gastgeber erklärte, daß ein neuer Orden der Engel und Devas auf der Insel angekommen war, um einen neuen Prozeß des Pflanzens und Neusäens zu beginnen. Um eine höhere Bewußtseinsschwingung auf Kauai zu erschaffen, die Heiler anleiten würde, ihrem inneren Selbst zu vertrauen und die Prüfungen ihrer eigenen unberechenbaren Natur auszuhalten, war neue Energie nötig. Kauai mußte von dem Sturm exorziert werden, und beeindruckende neue Lichter erfüllten die Pflanzen. Die Elohim und die Ophanim und die Devas regenerierten den Boden mit einer höheren Vibration und ihrem Fokus. Unser Gastgeber glaubte, daß er nach Kauai gekommen war, um neue Einsichten in seine Arbeit als Alchemist zu gewinnen.

Ätherische Energie flutete über die Insel und gestaltete die Beziehung zwischen Menschen und Land neu. Ich begann, mich in meinem Körper wirklich sicher zu fühlen, und betrachtete die tiefroten Hibiskusblüten, die Kukui-Nuß-, Guaven-, Johannisbrot- und Kokosnußbäume. Ich nahm Pfeilwurz ein und kaute auf der Pfefferpflanze. In meinem Zimmer cremte ich meine vom Wind verbrannte Haut mit frischer Aloe und *hinu honu* ein. Ich fühlte mich von Tamarinde und der Taro-Pflanze angezogen. Die ganze Insel wurde zu einem Heilmittel für meine Leiden.

Wir ließen den ätherischen (spirituellen) Körper der Insel in uns ein, die ätherische Substanz dieser neuen Elementarwesen, und sie wärmten unsere Herzen und arbeiteten noch lange danach mit uns. Wir gingen auf den Bauernmarkt und aßen die lokalen Produkte. Wir füllten unsere Apartments mit frischen Speisen und Blumen und luden die Naturgeister ein, gemeinsam mit uns kreativ zu sein. Wir sahen, wie sich unsere eigenen elektrischen Körper änderten und stärker wurden. Diejenigen, die sich dem Prozeß widersetzten, mußten sich übergeben und fühlten sich verwirrt, obgleich sie einen Segen erhielten. Wir luden den Geist von Aloha, den Geist des Friedens, in unsere Körper ein.

Als es an der Zeit war, abzureisen, dankte ich unserem Gastgeber für seine Gunst, seine Unterstützung und seine Ermutigung. Er war ein wahrer Freund.

Ich verließ Hawaii mit Dank an Chiron für unsere Gruppenerfahrung und wußte, daß jeder Teilnehmer mindestens ein Jahr brauchen würde, um diese Erfahrung zu integrieren und alle Ebenen der tiefen Veränderung einzuschließen.

Das Auge des Wirbelsturms ist wichtig. Es ist der ruhige, stille Ort der Einweihung inmitten eines Dramas. Ich träumte in jener Nacht von der Opferung zweier weißer Stiere, und ein Magnolienbaum lud mich in seine Blüte ein und schloß seine Blätter über meiner Haut, bis ich wieder bereit war zu reisen.

Kapitel 12

Die Nachwehen

In Hawaii lernte ich viele wertvolle Lektionen. Eine davon war, daß persönliche Trauer und Wut gegenüber einer Mutter, die nicht genug Unterstützung gegeben hat, oftmals auf einen Sündenbock projiziert werden können. Meine Schüler hatten mir durch das Mitteilen ihrer Erfahrungen gezeigt, wie eine Mutter sich in das göttliche Potential eines Kinds verlieben kann, das in gewissem Sinn zu ihrem Erlöser wird. Das Kind verliebt sich in das Bild von seiner Göttlichkeit in den Augen der Mutter und fühlt sich in dem Austausch idealisiert. Als Erwachsene suchen diese Kinder in ihren Eltern, Kindern, ihrem Ehepartner, ihren Schülern, Patienten, Zuhörern nach der gleichen Idealisierung, die zu einer sehr verführerischen Erfahrung wird. Wir fühlen uns für kurze Zeit von unserem fehlerhaften Selbst geheilt. Anschließend fallen wir in Ungnade. Wir spüren das Bedürfnis nach einer ständigen Zufuhr von Liebe und Bewunderung aus einer neuen Quelle. Wir wollen verzweifelt, daß wir idealisiert und unsere Fehler beschönigt werden, anstatt so geliebt zu werden, wie wir sind.

Der oder die Geliebte, die Person, die uns idealisiert, spiegelt uns eine wertvolle Seelenessenz und den Geist des Göttlichen wider, der andernfalls niemals aus der Dunkelheit auferstanden wäre. Wir wollen erlöst werden, weil wir dann unsere geliebten Menschen erlösen können und als Ergebnis daraus liebenswert werden. Wir sind mit göttlicher Ekstase erfüllt, weil wir glauben, jemand anders erlösen zu können. Für einen Heiler oder Therapeuten kann dies zu einer Sucht werden.

Das Annehmen unserer Menschlichkeit beendet diese Sucht.

Was ist eine wahre Vereinigung der Seelen und was verführerischer Zauber?

Ein idealisiertes Bild von einem anderen Menschen führt uns in die Dunkelheit und zu mehr Schmerz und Leiden. Wir können Einsamkeit riskieren und wie Chiron unsere eigene Sterblichkeit annehmen, wenn wir uns das ansehen, was außerhalb des Paradieses liegt. Hawaii erinnerte mich an dieses Bild eines Paradieses, das die Bindungsthemen unserer Kindheit spiegelt. Die meisten meiner Schüler wollten niemals geboren werden. Sie wollten das Paradies und die Erleuchtung, ohne vollständig zu inkarnieren.

Mir wurde bewußt, daß bei vielen Menschen das Öffnen der Tür zur unbewußten Psyche die Wunden der Kindheit verschlimmert. Wir haben Probleme damit, uns an die Körperlichkeit des Lebens und unseren Körper zu gewöhnen. Wir akzeptieren die Dunkelheit der alltäglichen Realität nicht und erkranken lieber an Allergien oder chronischer Müdigkeit oder einer Krankheit, die damit zu tun hat, erneut bemuttert werden zu wollen.

Liebe muß in Empathie füreinander wurzeln und in unserer essentiellen Menschlichkeit geerdet sein. Zu viel Empathie ohne Grenzen ist ungesund. Wir können sie mäßigen, indem wir unsere Grenzen kennenlernen. Eine hohe Empfindlichkeit gegenüber den Schwierigkeiten und Ungerechtigkeiten des Lebens resultiert manchmal aus dem Leid unserer Familie und unserer Enttäuschung als Kind. Freude und Schmerz sind Teil unseres Erbes als Menschen. Wenn die Herausforderungen im Leben diskutiert, konfrontiert und angenommen werden, kann ein zutiefst bewegendes und geleitetes Leben beginnen. Wir wollen oftmals die Begrenzungen des Lebens nicht sehen und nicht gewöhnlich sein, weil wir dann das Paradies und die falschen Idealisierungen durch andere verlieren.

Viele Menschen kommen mit einer Verzweiflung und einem Hunger, alles zu glauben, was ich sage, in meine Seminare. Sie versuchen durch die Spiritualität anderer eine Akzeptanz, Liebe und vielleicht eine Rettung zu erlangen, die sie nicht in sich selbst finden können. Ich kann nur den Weg zu dem Einen im Innern weisen, der ihre Bedürfnisse vollständig befriedigen kann. Kein Ehegatte, Elternteil, Liebhaber und keine Zuhörerschaft kann diese Sehnsüchte stillen. Ich habe gelernt, zwischen mir selbst, dem Menschen, den ich liebe, und der göttlichen Quelle zu unterscheiden. Dies ist mein Weg der Erlösung - diese Dinge getrennt zu halten.

In der ursprünglichen Verschmelzung in unserem Erleben als Kleinkinder, mit all der erotischen Begeisterung, konnte ich das Bild der Geliebten klar sehen. Meine Mutter war während meiner Geburt schwer betäubt, obwohl sie dies abstreitet. Ich muß mich durch diese nebligen, schläfrigen, träumerischen Erinnerungen kämpfen, um den Menschen, den ich liebe, klar zu sehen und mir nicht wieder jene ursprüngliche verzweifelte Einheit herbeizusehnen, die viele Menschen in spirituelle Abhängigkeit treibt. Die meisten Leute suchen durch gegenseitige Idealisierung nach Verschmelzung. Sie wollen in das Paradies zurückkehren, das für immer verloren ist.

Wahre Heilung beginnt, wenn wir uns selbst genug lieben, um die Fehler und Wunden unserer mangelbehafteten Menschlichkeit zu sehen und dadurch unser Bewußtsein zu erweitern. Paare werden durch gegenseitiges Mitgefühl geheilt. Die Sterbenden lassen dieses Leben durch Mitgefühl für sich selbst und ihre geliebten Menschen los. Mein Ziel besteht darin, die Wirkungsweise der ganzen Psyche zu sehen und ihren Prozessen eine Stimme zu geben, damit die Menschen ihre Seelen wieder beanspruchen oder entdecken können und sie nicht anderen unterwerfen. Bei der Heilung ist persönliche Verantwortung von höchster Bedeutung. *Selbstverantwortlichkeit war der Schlüssel zur Heilung von Chirons Wunde, das Aufgeben seiner Unsterblichkeit half ihm, sich selbst zu heilen.*

Chiron ähnelt dem Fischerkönig in den Mythen vom Heiligen Gral oder Christus. Er heilt, leidet und stirbt als Mensch, damit wir alle leben können. Er leuchtet als heller Komet in der Nacht, damit die Menschheit ihre Talente entdecken kann. Er ist kein Heiliger, Avatar oder Guru, sondern eine Figur, die in der Realität mit Dauerhaftigkeit und Beständigkeit verwurzelt ist. Er ist der Heiler in uns allen, der dabei hilft, Sterbliche zu einer neuen Bewußtseinsebene zu führen. Seine Verbindung zu Christus besteht über die Bäume.

Christus' ganzes Leben begann und endete mit Bildern von Bäumen. Er machte sich das Zimmerhandwerk zum Beruf. Die Bäume halfen, seinen Verstand, seinen Körper und seine Seele durch seine Arbeit mit Holz zu formen. Er wußte, wie er den Baum darum bitten konnte, daß dessen Holz seine Hände segnen würde. Der Baum lehrte ihn zuerst, konzentriert zu sein und mit seiner Kunst und seinem Material eins zu werden. Er schnitzte die Geister von Bäumen. Die Bäume wurden dann zu Symbolen in seinen Parabeln. Er verglich Gott mit einem großen Baum und sich selbst mit einer Kletterpflanze. Bei seinem Tod trägt er das Kreuz des Baums. Dies ist das Wissen um die Gegensätze und darum, wie sie ausgeglichen werden. Er wird auf einem Baum gekreuzigt und stirbt wie ein Samen, der in die Unterwelt zurückkehrt. Seine Auferstehung geschieht durch den Stamm des Baums zu den Zweigen des Himmels. Der Universelle Baum half ihm, jede Stufe seiner Mission zu erreichen. Der Baum war sein Führer und sein Beschützer, während er die drei Welten verband.

Der Saft des Baums erinnert mich daran, daß ein Feuer, eine Lebenskraft, die nie ausbrennt, im Innern aller Lebensformen lebt. Dieses Feuer ist die Kundalini. Wenn sie aktiviert wird, öffnet sie die Psyche für die anderen Welten. Ich träumte einmal, daß ich mich in einem Maya-Tempel befand, in dem viele Frauen Schlangen im Mund hatten und zum Rhythmus der Kundalini tanzten. Dabei öffneten sie die Chakras, um die Energien in der Natur auszugleichen. Kundalini ist eine Verschmelzung mit dem Selbst, die das Göttliche und die Natur einschließt und uns dennoch bleiben läßt, wer wir essentiell sind. Seelenreisen und schamanische Einweihungen dürfen uns niemals vom Pfad unserer essentiellen Menschlichkeit ablenken oder davon, uns unserer Sterblichkeit und unserer Begrenzungen bewußt zu sein. Diese Mittel verdeutlichen, was es bedeutet, ein Körper zu sein - weniger eine Verschmelzung mit einem anderen Wesen, sondern eher eine Heimkehr zum Selbst.

Einige Monate nach meinem Workshop in Hawaii erlebte ich einen der tiefsten Momente in meinem Leben mit meiner Freundin und Kollegin Dawn Eagle Woman. Während einer Visionssuche, bei der die Teilnehmer drei Tage lang nicht essen und sich allein in der Wildnis aufhalten, geschah eine Folge von erstaunlichen Ereignissen.

Zu einer Visionssuche gehört es oftmals, dem eigenen inneren Lehrer zu begegnen, nachdem man sich den Prüfungen der Geburt und der verdrängten Erinnerungen gestellt hat. Jeder schafft sich seinen eigenen Kreis in der Wildnis und markiert ihn mit Zweigen, Steinen oder Blättern. Man darf diesen Kreis drei Tage lang nicht verlassen. Alles, was man braucht, muß darin enthalten sein.

Um das Geburtstrauma zu überwinden, ist das Symbol der Visionssuche der Kreis des Lebens, das große Rad der Schöpfung, in dem man zentriert sein und auf den Großen Geist warten kann. Es ist eine zweite Geburt, bei der der Suchende seinen eigenen Lebenskreis erschafft. Es ist eine Verschmelzung des Kleinen Selbst in einem kleinen Kreis mit dem Größeren Selbst, dem Großen Kreis des Kosmos. Es ist eine aktive, verantwortliche, wachsame Erfahrung der Ehrfurcht und des Wunders in der Natur. Anschließend ist der Suchende bereit, am Leben mit Richtung und Vision teilzunehmen.

Dawn und ich hatten während dieser bestimmten Visionssuche drei Tage an einem Feuer gesessen, wobei einer von uns immer aufmerksam und wach blieb. Das Holzfeuer ist ein Symbol für das ewige Feuer, das Feuer der Kundalini und die unzerstörbare Seele, die unsere Wärme ist. Während des dritten und letzten Tages unserer Visionssuche braute sich ein Sturm zusammen, und wir beschlossen, alle zu unserem Basislager zurückzurufen und die Visionssuche zu beenden.

Zuvor hatten Dawn und ich alle Teilnehmer besucht und jedem einen Maiskolben zu essen mitgebracht. Mais symbolisiert die Seele und ihre Auferstehung aus der Unterwelt. Wir fragten jeden der Teilnehmer nach seinem Wohlbefinden und seinen Visionen. Eine Frau erzählte uns, daß ein dunkler Mann aus ihrer Vergangenheit sie verfolgen würde. Als Kind hatte sie entdeckt, daß ihre Mutter heimlich Briefe von einem Verehrer erhielt und eine außereheliche Affäre hatte. Nachdem sie die Briefe ihrer Mutter gelesen hatte, entschloß sie sich zum Handeln. Sie legte die Briefe so zurück, daß ihr Vater sie finden würde. Er las schließlich diese Briefe und wurde sehr rachsüchtig gegenüber ihrer Mutter. Dieses kleine Mädchen hatte ihre Mutter betrogen, um sie zu bestrafen und die ganze Aufmerksamkeit ihres Vaters zu erhalten, aber ihr Vater reichte die Scheidung ein, und das Mädchen blieb mit seiner Schuld über seine Tat und einer Trennung von seinem Vater zurück. Das war nicht ihre Absicht gewesen. Sie wollte die Mutter zurechtweisen und für ihre Tat gelobt werden. Statt dessen mußte sie mit ihrer Mutter in einem Zustand der Verleugnung leben. Später entwikkelte sie einen Komplex, durch den sie Männer auf Abstand hielt, während sie heimlich wollte, daß sie von ihr Besitz ergriffen.

Sie wurde von ihrem inneren Mann besessen, der sie dafür bestrafen wollte, daß sie die Geheimnisse ihrer Mutter enthüllt hatte, und sie mit seiner gewalttätigen Wut besitzen wollte, weil sie sich weigerte, mit ihm zu verschmelzen. Sie ging wieder in das naive Verleugnungsmuster aus ihrer Kindheit zurück und hatte das Gefühl, nichts falsch gemacht zu haben. Dieser dunkle Mann verfolgte sie nun auf ihrer Visionssuche und wollte Rache für die Zerstörung seiner beiden Ehen (die ihres Vaters und später die ihres Manns, den sie verließ, als er versuchte, sie zu besitzen).

Dawn spürte, daß dieser Sturm mit den Schuldgefühlen aus der Kindheit dieser Frau zusammenhing. Der Sturm wurde gewalttätig: Hagel und gefrorener Regen prasselten auf die Erde. Die Frau blieb wie ein kleines Mädchen erstarrt und war unfähig, ihre mißliche Lage zu verstehen. Ihr Visionsort befand sich auf offenem Feld. Sie lief dort Gefahr, vom Blitz getroffen zu werden, weil sie den Elementen vollständig ausgeliefert war. Der Regen wurde stärker. Wir winkten ihr zu, während wir uns näherten und hofften, daß sie sich auf den Boden legen würde. Donnerschläge ertönten über unseren Köpfen, und die Luft begann zu knistern.

Als Dawn und ich bei der Frau angekommen waren,

legten wir uns sofort zu beiden Seiten der Frau auf den Boden. Wir zogen einen Gummiregenmantel über unsere Köpfe und hofften das Beste. Wir wußten intuitiv, daß der Blitz hier einschlagen würde. Ich hielt den männlichen Pol und Dawn den weiblichen Pol. Wir standen im Dienst dieser Frau, die den Naturkräften gegenüber, die sie mit ihren unterdrückten Gefühlen entfesselt hatte, naiv blieb.

Dies war eine Prüfung für unser Vertrauen ineinander und dafür, daß Dawn und ich in vollständiger Ausrichtung handeln konnten, um die Menschen unter unseren Schutz zu nehmen. Handelten wir wirklich nach dem, was wir sagten? Dies war die wahre Prüfung unserer Arbeitsbeziehung. Würden wir unser Leben opfern, um einer Teilnehmerin zu helfen?

Es war ein Gleichgewicht polarisierter Kräfte vonnöten, um den Blitzschlag abzulenken. Auf einmal schlug der Blitz ein! Ein elektrischer Stoß fuhr durch uns, sandte einen Schock durch unsere Körper, und unsere aufeinander abgestimmten Energien leiteten ihn in die Erde ab. Es brauchte unsere gesamten schamanischen Fähigkeiten und unsere volle Konzentration, um diese Tat auszuführen.

Ich fühlte die Kundalini-Energie an meiner Wirbelsäule emporsteigen und erfüllte in diesem Moment meine wahre Mission: eine Brücke für andere Menschen zwischen Himmel und Erde, Wolken und Land, zu sein. Dies geschah durch das Medium Elektrizität. Während wir in einer gefrorenen Pfütze aus Hagel und Regen lagen, sangen wir drei einfach weiter. Wir waren von Donner umgeben, aber wir antworteten darauf mit der Harmonie unserer Stimmen. Da wir in der Mitte eines großen Salbeifelds lagen, waren wir in alle Richtungen auf einer Strecke von einer Meile der höchste Punkt.

Als uns der Blitzschlag traf, wußten wir um unseren

göttlichen Schutz, unser Vertrauen in das Göttliche und unseren starken Willen. Eine schreckliche Katastrophe war abgewendet, und Dawn und ich waren sehr erleichtert.

Jedes Mal, wenn Dawn und ich aufeinander ausgerichtet sind und wir Wut wahrnehmen, bitten wir um Erlaubnis, die Strömung umzukehren. Wir schützen die Erde und neutralisieren die gefährlichen Kräfte menschlicher Nachlässigkeit, Verleugnung und Unbewußtheit. Unsere Arbeit besteht darin, Harmonie an Orte der Zerstörung und der Verwirrung zu bringen. Die Visionssuche war rundum ein Erfolg, und wir alle überlebten das Gewitter.

Das Problem der Besitzgier ist wie ein Sturm. Verführung ist eine neblige, trübe Zone der Begeisterung und der Bewölktheit. Da sie keine Liebe ist, sind Klarheit und Bewußtheit der Psyche nicht beteiligt. Es ist ein komplexer und verletzter Ort, der wie ein Sturm aufgerührt werden muß, um anerkannt zu werden.

In allen folgenden Workshops habe ich diese Blitzschlagerfahrung erneut durchlebt und mich im Gleichgewicht zwischen Land und Himmel gefühlt, meines eigenen Körpers bewußt, um den Teilnehmern den größten Nutzen zu bieten. In späteren Seminaren mußte ich mehr über meine eigene Naivität und meine Angst vor der Besessenheit durch Geister lernen.

Kapitel 13

Besessenheit

In dem Moment, in dem wir uns mit Sexualität, Instinkt und Kreativität auf tiefere Weise erneut verbinden, dringt die Unterwelt der Besessenheit in das Wachbewußtsein ein. Die meisten Menschen sind auf das Bardo im Leben, dieses Gebiet des Todes, nicht vorbereitet. Es ist jedoch der erste Schritt beim Verbinden einer Realitätsebene mit einer anderen. Es kann oftmals ein Einweihungsprozeß sein, sich für die Dauer einer Krankheit von der Gesellschaft zurückzuziehen und in den chthonischen Tiefen aufzuhalten. Wenn man jedoch seiner Berufung zu lange fernbleibt, kann dies schädlich sein. Besessenheit kann die erste Schwelle darstellen, wenn man sich auf eine Reise zu der Einweihung macht. Sie ist die erste Tür zu den Wohnorten der Geister, Dämonen und Götter.

Mir war gesagt worden, daß ich meinen Körper während meiner Reisen mit Ayahuasca den Attacken eines dunklen Schamanen schutzlos ausgesetzt hatte. Ich identifizierte diesen Schamanen, konnte ihn jedoch nicht loswerden. Er lebte in meinem Körper von astraler Energie. Er war ein Parasit, der für die Einsichten, die er aus seinem Aufenthalt in mir gewann, keine Arbeit leistete. Er glaubte, daß er von mir durch Osmose lernen konnte.

Dies war gefährlich für mich, weil er sich von meiner Energie ernährte und mich müde und schwach machte. Es handelte sich um eine aktive Besetzung. Ich hatte ein Geistwesen in mir, das tatsächlich ein lebender Mensch war, der meinen Körper bewohnte. Er glaubte, daß er in mich eindringen könnte, während ich meinen Körper durch Ayahuasca verlassen hatte, und ich seine Gegenwart nicht bemerken würde. Er irrte sich. Ein Freund von mir, der bei seiner privaten therapeutischen Arbeit anhaftende Geister löst und Flüche aufhebt, hatte den dunklen Schamanen während eines Abends in meinem Zuhause in Santa Fe identifiziert.

Eine meiner engsten Freundinnen, die Anthroposophie studiert und tibetische Würden von einem Rinpoche erhalten hatte, wollte mir helfen. Während ich in Brasilien arbeitete, würde sie vier mächtige Leute zusammenrufen, um ein Feld des Schutzes, der Liebe und der bewußten Unterscheidungsfähigkeit zu schaffen, das stark genug war, um mich von diesem Geistwesen zu befreien.

Zu der festgesetzten Stunde traf sich diese Gruppe aus vier Adepten auf den inneren Ebenen und identifizierte die Person, die sich energetisch an mich gehängt hatte. Sie baten den Erzengel Michael, ihnen dabei zu helfen, den Geist der Person zu binden und ihn aus meinen physischen und ätherischen Körpern zu entfernen. An diesem Nachmittag in Brasilien außerhalb von São Paulo, schloss ich meine Augen und traf meine Freunde auf den inneren Ebenen. Ich spürte, wie ihre intensive Liebe und ihr Schutz mich umgaben. Sie machten sich daran, den Geist zu entfernen. Ich sah nebelhaft wie auf einem Bildschirm, daß ich meinen Körper in Peru verlassen hatte. Das Ayahuasca hatte mich in einen Schockzustand versetzt, und dadurch wurde mein Astralkörper abgetrennt. Ich sah anschließend, wie dieser zerstörerische Schamane aus Neid über meine Arbeit und weil er meine Energie und meine Erfahrungen für sich selbst wollte, in mein Energiefeld eingedrungen war.

Bei meiner Geburt war ich für das Unbewußte vollkommen offen gewesen. Ich hatte nicht gelernt, ausreichende Grenzen aufzubauen. Aufgrund eines Mangels meiner Egoentwicklung und der Dominanz meiner Mutter war ich als Erwachsener für Besetzungen anfällig. Als Kind verband ich mich mit meinem Vater, trotz seiner kritischen Natur gegenüber energetischen Schnüren. Ich heftete mich unbewußt an ihn, um im Austausch für Geld Liebe zu erhalten. Schnüre und Besetzungen sind Teil einer schwachen Egoentwicklung, die zu Abhängigkeit von anderen Menschen bezüglich der Befriedigung der eigenen Bedürfnisse führt. Ich gab meinen eigenen Willen auf, wenn ich müde war oder mich überwältigt fühlte, und überließ die innere Macht über meine Leben anderen Menschen. Auf meiner Suche nach der Wiedervereinigung mit meiner Mutter oder der Verschmelzung mit Gott verwechselte ich Geister und andere »energetisierte« Menschen mit dem Göttlichen. Wegen meines Wunschs nach Verschmelzung mit allen Menschen ohne Unterscheidung war ich für Besetzungen anfällig. Ich mußte lernen, mich selbst von dem Objekt meiner Liebe und vom Göttlichen zu trennen. Diese Trennung der psychischen Inhalte ist wesentlich für ein gesundes Leben.

Ich begann, alle Bereiche meiner Aura zu versiegeln, in denen Besetzungen durch eine schwache Selbstdefinition geschehen konnten, und legte einen Knoten um mich. Wir mußten diesen dunklen Schamanen aus Peru mit der Kraft der Liebe und durch Anrufen des Erzengels Michael zu unserem Schutz binden. Er verließ meinen Körper nicht freiwillig. Es waren vier mächtige Menschen notwendig, die sich auf mich konzentrierten, um ihn aus meinem Körper zu exorzieren. Ich schwor mir, meinen Körper nie mehr unter dem Einfluß von Ayahuasca zu verlassen. Es war hart, diese Lektionen zu lernen.

Ich hatte mir in Peru etwas vorgemacht, weil ich mich selbst zu wichtig genommen und einer gefährlichen Gegenwart erlaubt hatte, in mich einzudringen. Während ich dieses Geistwesen vollständig aus meinem psychischen Feld entfernte, konzentrierte ich mich zwei Stunden lang auf die inneren Ebenen. Ich spürte, wie mich Farben mit Heilkraft durchdrangen. Schließlich verließ das Geistwesen meinen Körper, und es folgte ein tiefer Friede. Anschließend mußte ich mich ausruhen. Ich verschlief den ganzen nächsten Tag und war erleichtert, die Besetzung los zu sein.

Ich war durch Ayahuasca und eine Energie, die ich später als »Alter-Mond-Energie« identifizierte, korrumpiert worden. Ich mußte durch diesen Prozeß gehen, um Unterscheidungsvermögen zu lernen und ein klareres Verständnis der ätherischen Welten zu erlangen sowie zu lernen, meinem inneren Lehrer wieder zu vertrauen. Das Mitgefühl meiner Freunde und ihre spirituellen Techniken waren Wegweiser zu dem übersinnlichen Reich des Schamanen. Selbsterhaltung und Selbstachtung waren die nächsten Schritte für mich, um stärker zu werden und Invasionen kein Ziel mehr zu bieten.

Ich entdeckte meine tragischen Fehler und sah mich, wie ich war. Ich war allzu menschlich und machte Fehler, jedoch versuchte ich, sie rechtzeitig mit einer ausgeglichenen spirituellen Methode zu verbessern. Wenn wir mit wahrer Integrität leben, geben wir niemals auf und werden niemals zu Opfern. Wir wissen, daß jede Handlung eine Wahl darstellt und Folgen hat. Energie und Stärke werden durch das Zugeben unserer Schwächen, unserer Irrtümer und unserer streunenden Gedanken erlangt.

Der dunkle Schamane lehrte mich, daß das Stehlen von Energie mit Macht und Kontrolle zu tun hat. Viele Leute kommen zu meinen Workshops, um Techniken zu stehlen oder sich mit meiner Energie zu verbinden, um Wissen für ihre eigene Arbeit zu erlangen. Manche Leute versuchen, für meine Dienste nicht zu bezahlen und meine Energie und meine Arbeit auf diese Weise auszulaugen und zu schwächen. Das Gesetz des Ausgleichs bei spiritueller Arbeit besagt, daß man für etwas, was man gibt, etwas Gleichwertiges erhalten muß. Ich berechne das, was meine Arbeit wert ist, und wenn Leute sich nicht an diese Bedingung halten, verliere ich viel persönliche Energie und Macht durch den unausgeglichenen Austausch. Ich versuche, den Menschen zu helfen, ihre Energie dorthin zu lenken, wo sie die besten Ergebnisse erzielen. Mit Geld kann Energie gelenkt werden. Wir erhalten dann Ergebnisse, wenn wir unser Geld ausgeben.

Der dunkle Schamane schadete und zerstörte sich selbst. Wer kann in unserem Machtkampf mit uns selbst gewinnen? Der Zerstörer in unserer Psyche, der nur Macht kennt, weil wir als Kinder niemals Liebe zugelassen haben oder weil wir nicht geboren, sondern statt dessen mit der Mutter verschmolzen in der Gebärmutter bleiben wollten? Oder der Erlöser in uns, der für unseren vergangenen Selbstbetrug büßt und unsere Machtprobleme damit, nicht geboren werden zu wollen, zugibt? Ich wähle wieder das Leben und die Geburt und bekräftige das Recht meiner Seele auf Existenz und Entwicklung in der physischen Welt. Der dunkle Schamane lehrte mich, wie ich meine Energie nicht benutzen und nicht in die delikate Funktion der Psyche anderer Menschen eingreifen darf.

Jedes Mal, wenn wir uns unklar und benebelt fühlen, erleben wir, wie ein weiteres emotionales Muster aus unserer Psyche an die Oberfläche steigt, und wir können es nicht durch Zurückhalten unserer Energie und Aufmerksamkeit ablenken. Wir müssen diese Energie integrieren, damit sie keine körperliche Krankheit erzeugt, und wir müssen den Nebel klären, indem wir unsere Geheimnisse anerkennen, die unterdrückten Inhalte des

Unterbewußten entdecken und uns Zeit nehmen, unsere Tiernatur zu nähren. Das Eintreten in diesen Bereich zeigt uns unsere Wunden und, wie wir anderen mit ihren Wunden helfen können. Auf diese Weise konfrontieren wir uns mit dem dunklen Eindringling, dem dämonischen Liebhaber, unterdrückten Kindheits- und Familienerinnerungen und den verleugneten Umständen unserer Vergangenheit. Mut, Vertrauen und Standhaftigkeit sind für den Erfolg dieses Unternehmens wesentlich.

Während einer Heilung geben viele Klienten ihre Macht auf. Sie wollen nicht mehr leben. Sie wollen nicht geheilt werden. Sie werden benommen, katatonisch und kalt. Ihr Atem verliert seine Wärme. Ihre Heilung ist in der Vergangenheit eingeschlossen, bewacht und blockiert. Ich kann ihnen erst dann helfen, wenn sie die Verantwortung für ihren eigenen Heilungsprozeß übernehmen. Sie müssen die Gefühllosigkeit bekämpfen und sich zu der lebenspendenden Blutzirkulation durchkämpfen. Dann kann ich einspringen und die Arbeit beenden.

Viele meiner Klienten kommen jedoch nie so weit. Sie müssen den Mut haben, die Liebe zu wählen und jemandem zu vertrauen, sich wertvoll zu fühlen und Verantwortung für ihr Verlangen nach Heilung zu übernehmen. Jeder Mensch ist ein Kind Gottes und ein Wunder. Heilung ist eine Bestätigung des Wunschs, wirklich lebendig und willens zu sein, Leben, Atem und Körper zu erhalten. Es ist eine aktive Reise in die Unterwelt, bei der es den Schatz der Selbstbewußtheit und des Mitgefühls für unsere menschlichen Schwächen zu finden gilt.

Ich war bei vielen Toden zugegen, und jedes Mal mußte ich mich aktiv dagegen wehren, in den Sog des Sterbens hineingezogen zu werden, und meine Existenz aktiv bekräftigen. Ich trauere zu sehr um die Toten, als daß ich in das Reich der Toten gezogen werden kann. Vollständig zu trauern bedeutet, alle Gefühllosigkeit loszulassen. Ich werde nicht sterben, weil mein Vater starb. Ich werde nicht sterben, wenn mein Kind stirbt. Ein kleiner Teil von uns kann zeitweilig gefühllos werden, bis wir unserem Verlust und unserem Schmerz gegenübertreten und erkennen, daß sie eine Vorbereitung auf das violette Bardo sind. In die Dunkelheit mit physischer Bewußtheit und Sicht zu spähen ist eine Form der Wiederauferstehung und der Himmelfahrt und ein Übergang in ein besseres Leben. Im Bardo ist dies der Sturz in die Materie, der es ermöglicht das Licht der Seele zu finden, das versteckt und nicht anerkannt ist und von Langeweile, Selbstzufriedenheit und dem Trauma eines nicht realisierten Selbst verzerrt wird.

Während meines nächsten Workshops in Colorado erteilte mir der Wald der Wandlung eine weitere Lektion über Besessenheit. Mein Bedürfnis, für meine Mutter etwas Besonderes zu sein und auf dem Wunsch zu bestehen, mit ihr zu verschmelzen, führte zu zahlreichen Problemen in meinen Beziehungen und in meiner Arbeit. Zuerst wurde ich zu Dionysos: Ich trommelte, sang und erzählte Geschichten, und es folgte mir ein Schwarm weiblicher Anhänger. In den dionysischen Kulten des alten Griechenlands rissen Frauen in ihrer Raserei Stiere in Stücke. Männer können in Gegenwart dieser aufgewiegelten Frauen rituelle Kastration und Zerstückelung erleiden. Dies ähnelt der Rock-'n-'Roll-Ära der sechziger Jahre, in der Rockstars von ihrem rasenden Publikum praktisch in Stücke gerissen wurden. Diese Stars hatten langes Haar wie die Mutter und waren Kinder der Göttin.

Ich begann, meine Grenzen zu meiner Arbeitspartnerin Dawn Eagle Woman zu verlieren, und erlaubte ihr, mich zu bemuttern und vor diesen Frauen zu schützen, eine Rolle, die sie nicht übernehmen wollte. Während dieses Workshops in Colorado sprach eine Teilnehmerin offen über ihr Mißtrauen in Gruppen und davon, daß sie in Wahrheit gekommen war, um mich zu manipulieren. Sie wollte mit mir schlafen und private Gespräche ohne Dawn und die Gruppe mit mir führen. Die ganze Gruppe fing an, sich bei ihrem Fordern nach Aufmerksamkeit unwohl zu fühlen, und versuchte sogar, Dawn zu verführen, indem sie ihr sagte, sie sei ihre wichtigste Lehrerin.

Die Launen der Frau begannen, sich in Verzweiflung zu verwandeln, und sie zeigte narzißtische Tendenzen: Sie interpretierte alles, was in der Gruppe geschah, nur danach, welchen Einfluß es auf sie hatte. Sie weigerte sich, ihre Vergangenheit zu diskutieren, weil sie das Gefühl hatte, damit abgeschlossen zu haben und darüber hinausgewachsen zu sein. Als nächstes begann sie, Dawn offen herauszufordern und zu verfluchen, weil sie mich bemutterte und von ihr fernhielt. Sie verbreitete Gerüchte, daß ich mit mehreren Teilnehmerinnen schlafen würde. In ihrer Vorstellungskraft erfand sie diese wilden Szenarien, weil sie davon besessen war, vollständig mit mir zu verschmelzen.

Ich spürte die Gegenwart des Neptun-Archetyps in ihrem Bedürfnis, einem anderen Menschen vollständig ergeben zu sein und ganz mit ihm zu verschmelzen, um zu einem seligen Zustand zurückzukehren, wie man ihn in der Gebärmutter erfahren hat. Sie übernahm keinerlei Verantwortung für ihr Handeln und hörte nicht auf zu fordern, bis sie ihr Ziel erreicht hatte. Dawn begann, sich selbst als den Drachen der Gruppe zu bezeichnen, das chthonische Weibliche, das aus dem Unbewußten aufsteigt, um sich mit dem Partner zu verbinden. Ich war ganz gewiß nicht zu einer derartigen Vereinigung bereit, sie jedoch ignorierte meine Wünsche. Sie konnte mich niemals klar sehen, weil sie von ihrem eigenen Bild von mir besessen war. Auf diese Weise überging sie ihre eigenen Bedürfnisse, vergrub sie in mir und benutzte mich, bevor sie zum nächsten Mann überging.

Sie war wütend auf Dawn. Dabei handelte es sich um eine Projektion ihres Mangels an mütterlicher Liebe und Bindung in ihrer Kindheit. Ihre Mutter hatte ihr die Rückkehr in die Gebärmutter der Liebe, Verschmelzung und der göttlichen Seligkeit verweigert. Als Erwachsene ging sie Beziehungen zu Männern ein, um mit dem Göttlichen zu verschmelzen. Sie mußte akzeptieren, daß sie gewöhnlich und menschlich war, und Kunst oder eine Arbeit ausüben, die diese Akzeptanz zuließen. Aber sie weigerte sich, an dieses Heilmittel zu glauben, und war davon überzeugt, daß sie eine Göttin war – unsterblich und zum großartigsten Tantra fähig.

Die Gruppe wurde ungeduldig und sprach sich gegen ihre Beteiligung an bestimmten Aktivitäten aus. Die Gruppenmitglieder fragten sich, warum ich diese Frau nicht aufgefordert hatte, den Workshop zu verlassen, damit die eigentliche Arbeit weitergehen konnte. Ich sah dieses Problem als Sündenbock an: In dieser Frau konzentrierten sich die wahren Themen der Gruppe. Sie manipulierte die Gruppe, weil sie das, was sie haben wollte, von ihrer Mutter nicht bekommen hatte und sie ihre ungelösten Komplexe nun auf uns projizierte. Wir mußten ihre Mutter sein und uns ihren Launen fügen. Sie wollte vollständige Kontrolle, hatte jedoch keinerlei Kontrolle über sich selbst. Sie litt an Eßstörungen, und es fehlte ihr an einer tiefen, liebevollen Verbindung zu ihrer eigenen Mutter, die sie »aufaß«. Einmal mußte die Gruppe nach ihr suchen, weil sie im Wald eingeschlafen war. Ihr Bedürfnis danach, stän-dig gerettet zu werden, deutete darauf hin, daß sie früher als Kind allein gelassen worden war.

Nachdem sie nichts erreicht und sich drei Wochen lang

wie ein Kind benommen hatte, verließ diese Frau schließlich niedergeschlagen, verletzt und frustriert den Workshop. Sie weigerte sich, von uns Abschied zu nehmen, aus Angst, dadurch ihre Verbindung zu uns zu verlieren. Sie lehnte echte Liebe ab und wollte um jeden Preis eine magische, idealisierte Verbindung.

Mein Charisma zog viele Menschen zu meiner Arbeit. Viele wurden durch ihre Verbindung mit meinem Charisma eingebildet. Ich konnte nun die Wirkung meines Charismas auf andere Menschen sehen und mußte es von nun an dazu einsetzen, Menschen auf humanere und strukturiertere Weise zum Göttlichen zurückzuführen. Ich mußte meine eigenen saturnischen Grenzen bei meiner Unterstützung anderer Menschen anerkennen, um zu uranischer Expansion übergehen zu können. Chiron lehrte mich, bei meiner Arbeit Grenzen zu setzen.

Viele Teilnehmer versuchen, aus Gruppenworkshops davonzulaufen. Sie spiegeln damit ihr frühes Kindheitstrauma, bei dem einer von ihren Eltern weggegangen ist oder sie verlassen hat. Dadurch entsteht eine Spaltung in der Psyche, und anstatt daß diese Kinder ein Ego und eine persönliche Identität entwickeln können, wollen sie nun mit dem anderen elterlichen Objekt oder seinem Ersatz verschmelzen. Wenn die Besessenheit, mich - oder andere Gruppenleiter - als Liebesobjekt zu besitzen, nicht zugelassen wurde, begannen diese Menschen zu altern, ihre Jugend und ihren Glanz zu verlieren, und ihre magischen Projektionen fingen an, sich aufzulösen. Ich persönlich mußte mein unbewußtes Bedürfnis, gemocht und bewundert zu werden, ehrlich zugeben. Ich mußte den Menschen dabei helfen, nicht mehr bei der ersten Konfrontation mit den Begrenzungen der Menschlichkeit davonzulaufen.

Wir können niemals wirklich vor den Dingen weglaufen, die wir fürchten - wir nehmen sie immer mit uns. Die Angst treibt uns zu Erfahrungen, die wir benötigen, um auf die andere Seite dessen zu gelangen, was wir fürchten. Dort finden wir Liebe. Wir fürchten, was wir am meisten lieben, und diese Angst kann als Gift herauskommen, als ein Gegengift, das dem verwundeten Heiler injiziert werden kann.

Wenn ich eine Heilung vornehme, Schnüre entwirre oder hellsichtig in das Unbewußte blicke, um ein Trauma zu benennen, helfe ich Menschen, mit ihrem tiefsten Selbst in Kontakt zu kommen. Die Wahrheit, die sie dort finden, ist höchst erstaunlich und verwandelnd. Wenn bei diesem Prozeß ein tiefes Geheimnis kurz vor seiner Enthüllung steht, wird ein Gift abgegeben, eine giftige Form der Verleugnung freigesetzt. Es kann sein, daß ich auf einmal Unklarheit spüre, während ein Netz der psychologischen Übertragung über mich geworfen wird. Ich beginne, die unerfüllte Sehnsucht dieses Menschen und seine ungeliebte Menschlichkeit zu sehen. Ich begebe mich tiefer in die Wunde, um Themen der Verlassenheit, des Mangels an früher Bindung, der Ablehnung und des Verlusts des Selbst zu offenbaren. Wenn ich weitergehe, sehe ich Machtmißbrauch und das Abgeben der eigenen Macht an andere. Noch tiefer stoße ich auf Angst vor der Welt und vor der Geburt. Oftmals tritt die Angst auf, in der Kindheit vernichtet zu werden, und eine Angst vor Intimität ohne Verschmelzen. Der Schmerz über Kindheitstraumen und die daraus resultierende Verletzung und Selbstbestrafung von frühen Erlebnissen der Ablehnung und des Verlusts kommen wie ein Stachel an die Oberfläche.

Dieser Skorpionstachel ist ein unbewußtes Gift, eine schwarze Tinte, welche die Psyche in Verzweiflung, unerfüllter Begierde und Koma lähmt. Viele meiner Patienten erleiden an diesem Punkt eine vorübergehende Lähmung. Während der Schock als Gift durchsickert, beginnt ein vollständiges Verschließen der Psyche. Dies ist die Selbstvergiftung - das Bedürfnis, zu sterben, bevor die eigentliche Heilung beginnen kann. Dies ist exakt der Moment des Durchbruchs des violetten Bardos. Der Atem stoppt, und die Person sucht nach der Gebärmutter der Mutter. Wenn diese Gebärmutter nicht gefunden wird, wird eine Ersatzgebärmutter aus tauber Gleichgültigkeit und Koma erzeugt.

Die Person erinnert sich an Momente aus der Vergangenheit und wird überwältigt, wenn der Schock als vage Gefühle und Bilder an die Oberfläche kommt. Ich fange an, Schnüre (ähnlich wie Nabelschnüre) zu sehen, die in dem Wunsch nach Sicherheit nach anderen Menschen ausgestreckt werden, um eine Verbindung zu dem Sinn für Identität der anderen und deren »Gebärmuttergefühl« herzustellen. An diesem Punkt scheint alle Energie aus dem Körper des Patienten fließen zu wollen. Ich muß wachsam und auf die Heilung konzentriert bleiben. Dies ist der Zeitpunkt, zu dem das alte Selbst des Patienten stirbt. Nichts aus dem Repertoire aus Verleugnung und Reaktion auf Traumata funktioniert mehr. Die Person muß etwas Neues erfinden. Wenn sie feststellt, daß sie sich in einer Illusion befindet, erfolgen die ersten Atemzüge. Es gibt nichts außer Angst, was sie vom Göttlichen trennt. Ich bitte sie, sich von dieser Einheit nicht vernichten zu lassen, sondern eine Beziehung mit dem Göttlichen zu sehen - als Erwachsener, der im Hier und Jetzt verwurzelt ist. Dann beginnt die Person, ihren Körper zu fühlen und die Gegenwart der Liebe einzuladen. Sie sehnt sich nach dem Göttlichen, und sie erhält das Wunder ihrer Heilung. Das Göttliche sehnt sich mehr nach ihr, als sie sich nach dem Göttlichen sehnt. Dies ist eine erdumwälzende Erfahrung der Liebe, des Eingehülltseins in das zerbrechliche Selbst und der Wahl, als Mensch wiedergeboren zu werden. Der nächste Schritt besteht darin, die Welt und ihre Zustände zu akzeptieren, während die Person gleichzeitig für das Göttliche und seinen Einfluß empfindsam bleibt. Wir befinden uns in einem Körper, um sowohl positive wie negative Erfahrungen zu integrieren, was die Lektion des allmählichen Umarmens der Gegensätze mit Mitgefühl darstellt. Die zeitlose Welt und die Begrenzungen der Zeit werden in der Funktion der menschlichen Psyche zusammengeführt.

Ich vernichte das Gift, indem ich mir eine Flamme vorstelle. Wie eine Motte, die vom Licht angezogen wird, wird das Gift in der Flamme zerstört. Nach dieser Erfahrung muß der Klient sich ausruhen und die Wiedergeburt in sich einlassen. Dies ist die Arbeit des Waldes, der durch mich handelt, des Waldes, der mich als Kind genährt und mir diese Arbeit und diese Lehre gebracht hat. Als ich begann, meine Rolle als ein verwundeter Heiler anzunehmen, mußte ich mich mit all dem konfrontieren, was diese Arbeit sabotieren würde. Dies war der nächste Schritt.

Ein Baum besitzt einen Geist. Ein Mensch besitzt eine Seele. Seine Freiheit und ein Recht auf Einzigartigkeit aufzugeben, weil man verlassen worden ist und trauert, bedeutet, sich von jemand anderem besetzen zu lassen. Wenn ein Mensch in der frühen Kindheit seinen eigenen Willen aufgibt, kann dies zu Besessenheit führen. Wenn ein Kind im direkten Kontakt mit dem Unbewußten steht, jedoch keine Basis für das Ego oder ein Ich-Gefühl entwickelt, weil es nur eine schwache Liebe seiner Eltern und anderer wichtiger Bezugspersonen spürt, kann es als Erwachsener Besessenheit, Mangel an Grenzen sowie Unterwerfung durch stärkere Energien innerhalb und außerhalb der Psyche erleben. Geister und Tiere können Schamanen besetzen, der Schamane weiß jedoch, wie er die Heimsuchung beenden kann. Dafür gibt es strenge Regeln, und der Schamane behält die Kontrolle.

Um mich selbst davor zu schützen, wieder angegriffen oder besessen zu werden, entwickelte ich eine positive Einstellung und ein Verständnis davon, daß ich eine Beziehung und Verantwortlichkeit zu allen Kräften außerhalb meines eigenen Wesens habe. Wenn eine Person herausragt oder die Brücke zwischen Individualität und Göttlichkeit schlägt, können keinerlei Einflüsse von außen ihre Psyche besetzen, außer zum Zweck der Zerstückelung. Um das Ego aufzulösen, um der menschlichen Seele Demut zu bringen, kann eine Besessenheit auftreten, jedoch nur dann, wenn ein Mensch bereit ist, in die Mysterien der Göttlichkeit eingeweiht zu werden.

Wir können von unseren Visionen oder Projektionen auf andere besessen werden, aber diese Themen kehren über viele Inkarnationen wieder, um aufgelöst zu werden. Es ist wichtig, sich an vergangene Leben zu erinnern, weil mehr Erfahrung uns bei der nächsten Wiedergeburt helfen kann, nicht wieder in den Schlaf der Unbewußtheit zu fallen. Wir können Erinnerungen erzeugen und Gedanken auflösen. Bei der Auflösung kehren wir den Prozeß der Schöpfung um und lösen uns selbst von der Vergangenheit. Dies funktioniert, solange wir ein wesentliches Verständnis und Lektionen vergangener Erfahrung einfließen lassen. Das Auflösen ist eine Methode, das Ansammeln stressiger Gedanken auszulöschen, die wir im Verlauf des Tages von anderen Menschen übernommen haben. Das Kultivieren unserer eigenen Gedanken erzeugt eine spirituelle Brücke und Stärke. Wir alle bestehen aus Fäden des Lichts, und oftmals verwirren sich unsere Fäden mit denen anderer. Dieses Entwirren und

Lösen unseres einzigartigen Lichts von dem anderer Menschen ist die Aufgabe der Heilung.

Wir lernen, unseren Illusionen gegenüberzutreten und Energie richtig zu benutzen. Zum richtigen Einsatz von Energie gehören sieben Schritte:

1. Keine Erwartungen haben. Alles, was uns vom Hier und Jetzt ablenkt, kostet uns Energie.
2. Kein internes oder externes Urteil oder harte Kritik fällen. Wir beurteilen uns selbst den ganzen Tag und verlieren dadurch enorme Mengen an Energie. Jeder grausame Gedanke führt schließlich zu einem scharfen Schmerz im Körper.
3. Ändern von Gewohnheiten. Gewohnheitsmäßiges Denken, Handeln und Fühlen kosten uns Energie. Wir müssen das Unterbewußte lehren, flexibel zu sein.
4. Den Tod an unserer Seite behalten. Wenn wir den Tod immer in unserer Nähe behalten, leben wir, als wenn es unser letzter Moment wäre, und das gibt uns mehr Energie. Die Angst vor dem Tod kostet uns Energie, während das Bewußtsein des Todes uns anspornt, unsere Energie zu erhöhen.
5. Mit dem Körper, nicht mit den Augen sehen. Im Herzen und im Kopf zu sein und den Körper zu fühlen verbessert in der Tat die Augen.
6. Uns dem guten Kampf verpflichten und nicht auf Menschen reagieren. Wenn jemand uns mit schweigender Verachtung behandelt, reagieren wir nicht. Mit anderen Worten ausgedrückt, wir haben eine Strategie. Wenn wir nicht reagieren, sieht die andere Person eher, wie wir uns verändert haben und daß wir dementsprechend handeln. Wir müssen uns den Herausforderungen im Leben stellen und dürfen ihnen nicht ausweichen, sondern müssen eine Strategie haben, unsere Bewußtheit zu erhöhen.

7. Kultivieren des Nichthandelns. Die Person im Innern beobachtet alles, was wir tun, und reagiert nicht. Dieser innere Zeuge ist schweigendes Wissen und die Quelle der größten Stärke.

Mit Energie habe ich eine Ermächtigung in der Leere gefunden, die unbeschreiblich ist. Jede Reinigung bringt mich der Akzeptanz der Einheit mit dem Göttlichen näher und gleichzeitig der Individualität. Intention ist der Schlüssel zur Magie und zu Bewußtheit. Intention hat mich gelehrt, daß wir nur mit ausreichend Energie unser Schicksal wandeln können.

Kapitel 14

Eleusinische Mysterien

Im Jahre 1996 begann ich, lebendige Bilder davon zu empfangen, wie ich auf Bäume klettere und, hoch über ihren Zweigen sitzend, mit dem Baumgeist rede. Ich unternahm in den Wäldern der Naturschutzgebiete von Santa Fe und Pecos in New Mexico Spaziergänge und erinnerte mich an ein vergangenes Leben in Griechenland während der Zeit der Mysterien von Eleusis. Ich war mir dessen bewußt, was in Griechenland zweitausend Jahre lang geschehen war und daß ich in einer früheren Zeit spirituell geöffnet worden war. Ich werde erzählen, was an jedem Tag der Pilgerung zu Ehren der Göttin Demeter geschah. Ich begann, Verbindungen zwischen meiner Erfahrung mit dem Zentauren Chiron und den Riten von Eleusis zu sehen.

Nach der griechischen Mythologie, lebte Chiron in einer Höhle am Nordhang des Bergs Pelion mit Blick auf das Tal von Pelethronion. Im Schamanismus ist der Norden die Richtung des Lehrers, des weisen Menschen, desjenigen, der die Prüfungen des Todes aushält, um das Selbst zu finden, der anschließend eine Verbindung zu anderen Welten darstellt. Chirons Heilung dient der Synthese von Tier und Mensch. Seine Reise geht zu den Tiefen der inneren Natur, zu dem verlassenen Vater und der verlassenen Mutter, damit er zum gezäumten Pferd werden kann. Dies ist ein Bild für den disziplinierten Instinkt, eine Ausbildung in der Welt der Kräuter und Pflanzen, die zu Visionen führen, und die Geburt eines tieferen Bewußtseins.

Am Fuß des Bergs Pelion, in der Nähe von Chirons

Zuhause, liegt der See Boibeis. Die Göttin dieses Sees ist Persephone, die Tochter der Göttin Demeter. Man erzählt, daß Persephone an diesem See ein neues Wesen, ein Kind namens Brimos, geboren hat, das ein neues Bewußtsein repräsentiert. Demeter, die stutenköpfige Göttin, steht mit Chiron in Verbindung und verkörpert sein Gegenstück. Ihr Pferdekopf ist die Einheit des mentalen Reichs mit dem Instinkt, und ihr menschlicher Körper besitzt Instinkt, der von Intelligenz erfüllt ist.

Demeter wird in der Verkleidung der stutenköpfigen Göttin als »die Schwarze« bezeichnet. Sie erinnert mich an die Schwarzen Madonnen, die sich in Kirchen in ganz Europa finden. In Griechenland ist sie die Schwarze Pferdemutter. Sie lehrte Chiron ihre Geheimnisse und erklärte ihm ihre Experimente mit Pflanzensubstanzen und Kräutern.

Chiron kündigt, wie Demeter, den Tod einer Lebensweise vor der Geburt einer neuen Ehe von Instinkt, innerer Natur, Vernunft und Bildung an. Als verwundeter Heiler sieht er die Spitze des Berges ebenso wie die Tiefe des Tals und befindet sich zwischen ihnen, als Lehrer eines neuen Wegs der Ausgeglichenheit, im Gleichgewicht. Wir müssen unsere Instinkte beherrschen, um das Göttliche anzuerkennen und die Werte von Familie, Intimität, Kameradschaft und Gemeinschaft anzunehmen.

Demeter, ihre Tochter Persephone und die Geburt des göttlichen Kindes - eines zukünftigen Bewußtseins - stellen die Kernpunkte der Mysterien von Eleusis dar. Es kann sein, daß es sich bei Kykos, einem besonderen Getränk, das von den Eingeweihten eingenommen wurde, um eine Pflanzensubstanz handelte, die ähnliche Visionen wie diejenigen induziert, die unter dem Einfluß von Ayahuasca entstehen. Wir begeben uns hier in eine Welt der schamanischen Kulturen, in eine Einweihung in andere Realitäten, die unserem gegenwärtigen Leben Bedeutung verleihen.

In Griechenland wurden die Mysterien von Eleusis und ihre Rituale über 1600 Jahre abgehalten. Ihr Ursprung läßt sich bis in die zweite Hälfte des fünfzehnten Jahrhunderts vor Christus zurückverfolgen. Die Eingeweihten traten durch die Tore des Telesterions in eine schwach beleuchtete Kammer ein – ein Heiligtum für die Mysterien des Lebens. Männer, Frauen, Kinder, sowohl freie Menschen als auch Sklaven, begaben sich auf diese Reise. Die Mysterien standen allen offen, Reichen und Armen, Griechen und Barbaren, und waren Rituale, die dazu dienen sollten, die untergetauchte Jungfrau wieder aus der Unterwelt hervorzuholen.

Der Mythos von Persephone (die auch Kore genannt wird) und ihrer Mutter, war ein wesentlicher Bestandteil der Mysterien. Demeter war die Muttergöttin, die ihre Tochter durch eine Vergewaltigung an Pluto verloren hatte. Persephone verlor ihre Unschuld und wurde von Pluto mit Gewalt in die Unterwelt verschleppt, gezwungen, seine Frau zu werden, und in die dichteste Materie versenkt. Sie mußte sich selbst durch ihre Leiden reinigen, um die in den Tiefen ihrer Psyche wohnende Weisheit zu finden. Demeter, die Göttin des Getreides und der Kunst der Landwirtschaft, drohte der Welt mit Hungersnöten, wenn ihr ihre Tochter nicht zurückgegeben würde. Sie schloß einen Handel ab, dem zufolge ihre Tochter jedes Jahr im Frühling und Sommer aus der Unterwelt zurückkehrte, wo sie als Königin herrschte, und im Winter, wie der Samen, wieder zu ihrem Ehemann in den Bauch der Erde ging.

Die Mysterien beziehen sich meiner Meinung nach auch auf die gnostischen Mythen von Sophia und Luzifer in der westlichen Mysterientradition. Sophia war die gefangene weise Frau, die Seele in uns allen. Luzifer war der Schöpfer der Menschen, der die Menschheit in der Zeit einfing. Die Mysterien von Eleusis stellten einen Versuch dar, in uns allen die Knechtschaft von Sophias Weisheit und Leidenschaft für einen höheren Ausdruck nach dem Sturz in die Sünde aufzuheben. Die Teilnehmer begegneten durch die Konfrontation mit ihrem eigenen Karma der Jungfrau Sophia oder Persephone, die ihren Seelen Freiheit gab. In Griechenland wurde diese rituelle Freilassung durch ein neuntägiges Fest der Konfrontation mit den Wächtern der Schwelle aktiviert, ein Ausdruck, der in der westlichen Mysterientradition verwendet wird und möglicherweise von den eleusinischen Mysterien stammt.

Von der Herbsttagundnachtgleiche bis zum ersten Oktober, schützte der Archon der Festlichkeiten, der den Teilnehmern als ein Führer und Hierophant zur Seite stand, die Gruppe durch Einberufung der Fürsprache einer Gottheit, die eine starke Ähnlichkeit mit dem Erzengel Michael hat. »Michael« flößte den Leitern der Rituale ein spirituelles Verständnis und Wissen über andere Welten ein. Dies geschah mit Hilfe der Musen, durch das imaginäre Verschmelzen des Bewußtseins zwischen den Eingeweihten und den spirituellen oder »übersinnlichen Welten« (wie die westliche Mysterientradition sie nennt). In der Zeit des alten Griechenlands waren wir als Spezies noch nicht an dem Punkt echter Individualität in den spirituellen Welten angelangt und mußten daher Pflanzensubstanzen einnehmen, um Visionen zu haben und uns in einen traumähnlichen Zustand zu versetzen. Wir wurden von den Göttern »inspiriert«, anstatt die Antworten aus uns selbst zu erlangen.

Dies stellt einen weiteren wichtigen Unterschied zwischen den eleusinischen Riten und der heutigen Zeit dar.

Zwischen dem zwölften und dem vierzehnten Jahrhundert entwickelten die Menschen ein »Ich«-Bewußtsein und wurden zu individuellen Wesen mit einem klaren Ego, das sich an ihr ihnen innewohnendes kosmisches Gedächtnis erinnern konnte, ohne von einem Hieroceryx (einem Hierophanten) in den Mysterienschulen überschattet zu werden. Wir konnten von nun an nach innen zu dem sich entwickelnden Christus- oder Sonnenbewußtsein in unseren Seelen gehen und die Energie erhalten, hellsichtig zu sein. Wir hatten diese Fähigkeit nach dem Zeitalter von Atlantis verloren, als die Zirbeldrüse sich oben auf dem Kopf befand und spirituelle Bewußtheit viel umfassender war. Die Zirbeldrüse zog sich zurück und schrumpfte zu einem erbsengroßen Organ im Innern des mittleren und unteren Gehirns. Es war für uns nach der Zerstörung von Atlantis schwieriger, uns an unseren Ursprung und unser Geschenk von Gott zu erinnern.

Die Erinnerung ruht weiterhin in den magnetischen Feldern der Erde. Nach der letzten Katastrophe in Atlantis, bei der beinahe sechzig Millionen Seelen einen plötzlichen Tod starben, verschoben sich die magnetischen Pole und verursachten eine Eiszeit. Aufgrund dieser Veränderung in den magnetischen Feldern vergaßen uralte atlantische Seelen ihre Vergangenheit in einer Art kulturellen Amnesie. Obgleich unsere tiefsten Erinnerungen dieser uralten Vergangenheit vergessen sind, existieren sie immer noch in der Zirbeldrüse, die von Umkehrungen der magnetischen Pole weniger beeinflußt wird. Wir müssen die Zirbeldrüse lösen, um unsere kosmische Wahrnehmung wiederzuerlangen und das Potential unseres Gehirns zu entwickeln.

Die westliche Mysterienschule beschreibt sowohl eine Sichtweise des Alten Monds, zu dem »inspirierter«, »gechannelter« oder psychischer Kontakt gehören, sowie eine neuere Art der Hellsichtigkeit, bei der andere Reiche direkt wahrgenommen werden. Wir wachen auf und werden auf der anderen Seite des spirituellen Vorhangs mit einer neuen Reife wiedergeboren. Es hat einen eisernen Vorhang zwischen den materiellen und übersinnlichen Welten gegeben. Während diese Grenze mit der Jahrhundertwende zu schwinden beginnt, bringt die übersinnliche Welt unsere Lügen, unseren Selbstbetrug, destruktives Karma und Dinge, die wir anderen vorenthalten, unsere geheimsten Geheimnisse und unsere Ängste vor dem Unbekannten ans Licht. Wir werden kollektiv und bewußt in eine Art Bardo oder Fegefeuer eintreten. Das Jüngste Gericht ist ein Spiegel unseres Selbst in allen unseren Existenzen, mit dem unsere Totalität mit allen Makeln wahrgenommen wird. Wenn wir uns weigern, uns unsere emotionalen, niederen Astralkörper anzusehen, werden wir entweder besessen oder erzeugen noch mehr negatives Karma.

Wir befreien unsere Erinnerung, indem wir die Mythen der Vergangenheit in unserem alltäglichen Leben erneut durchleben. Die erste Reinigung ist das Ausagieren der Geschichte von Adam und Eva in unserer Kindheit. Ein Kind spürt in der Seligkeit der Gebärmutter - dem Garten Eden - die verbotene Frucht des Bewußtseins, die von der Schlange und der anschließenden Vertreibung aus dem Paradies der Mutter bei der Geburt angeboten wird. Körperliche Scham und Leiden durch dic Trennung von der Gebärmutter sind die Folgen, als wenn zwischen Mutter und Kind eine Wand existierte. Beinahe jede schwere Krankheit im Leben stammt von diesem wahrgenommenen ursprünglichen Bruch. In der Zukunft werden Menschen, die diesen Mythos auflösen, besser in der Lage sein, die Last und das Glück eines individuellen Lebens zu tragen.

Während wir unsere Wunden der Kindheit heilen, führen uns die eleusinischen Mysterien zu einem neuen Gebiet der Entdeckungen. Ein Aspekt dieser Einweihung besteht in der Bildung eines gesunden Egos, das der Torwächter zum größeren Selbst ist. Dieses Ego entspricht dem Niederen Wächter in den westlichen Mysterienschulen. Wir werden uns dieser Herausforderung als Spezies im kommenden Jahrhundert stellen. Das Ego prüft uns, um zu sehen, ob wir bereit sind, die Vergangenheit loszulassen und die Verantwortlichkeit unserer Menschlichkeit anzunehmen.

Es folgt eine Beschreibung meiner Erinnerung an die Rituale der Mysterienschule, die im alten Griechenland abgehalten wurden. Diese Visionen kamen mir während Spaziergängen in den Wäldern in der Nähe meines Hauses in Santa Fe, New Mexico.

Ich begann die Mysterien auf dem Agora oder Marktplatz, dem Ort des Karmas und der Verwicklung in weltliche Dinge. Als Teilnehmer wurde mir beigebracht, den Marktplatz der materiellen Güter mit Distanz zu betrachten und in Frage zu stellen, was im Leben wahren Wert hat. Was sind Liebe, Beziehung, Ehrlichkeit, Fürsorge, und haben sie im alltäglichen Leben Priorität? Außerdem wurde das Konzept des Karma dadurch illustriert, was bezahlt werden mußte und was umsonst war.

Am zweiten Tag folgte ich einer Prozession zu einem rituellen Bad im Meer, das der Reinigung diente. Das Wort Eleusis stammt von einem Wort ab, das »reinigen, läutern« oder »lösen« bedeutet. Eleusis lag nicht weit vom Meer und seinen Strömungen entfernt. Die Reinigung der Chakras und der physikalischen, astralen und ätherischen Körper war wesentlich. Zum »Lösen« gehörte das Öffnen der Zirbeldrüse, um Symbole und Mysterien intelligent wahrnehmen und auf kosmische Erinnerungen aus der Vergangenheit zugreifen zu können, um Weisheit zu erlangen und aus Fehlern zu lernen. Das Meer ist unser Ursprung, die Flüssigkeit der Gebärmutter, und wir sind Fische, die aus dem großen Meer des Unbewußten kamen und sich an das Leben auf dem Land angepaßt haben.

Bis zu diesem Punkt erlebte ich meine Pilgerung in einem Zustand des Losgelöstseins. Dann erlebte ich plötzlich die Öffnung der Zirbeldrüse. Ich hörte ein Pfeifen in meinen Ohren, und es eröffnete sich mir eine völlig neue Wahrnehmung. Ich befand mich immer noch in dieser Welt, aber meine Sinneswahrnehmung hatte sich verstärkt, und ich konnte fühlen, wie ungeheure vibrierende Energiestöße an meiner Wirbelsäule hochliefen und aus meinem Kopf in einem Strom schwindelerregender Farben austraten. Ich erkannte, daß es in den alten Zeiten, als wir uns in menschliche Wesen entwickelten, eine Öffnung auf unseren Köpfen und am unteren Ende unserer Wirbelsäulen gegeben hatte, die einer anderen Art des Atems diente. Ich mußte wie ein Delphin oder ein Wal in einem kreisförmigen Atem entlang meiner Wirbelsäule nach oben atmen, um den Durchgang am unteren Ende und oben auf meinem Kopf zu öffnen. Diese Form des Atmens war sehr befreiend, und der Raum zwischen den Atemzügen war von einer Art spiritueller oder ätherischer Energie gefüllt. Die Pause zwischen den Atemzügen oder der leere Raum in den Gelenken besteht aus ätherischer Energie und ist machtvoller als der materielle Knochen und das Gewebe. Ich sah, wie der Körper vom Bewußtsein erschaffen wird und sich jede Zelle alle zwei Jahre erneuert. Ich konnte erkennen, wie Gedanken unsere Körper verändern können und sich in den physischen Spalten und leeren Räumen in uns ausbreiten. Ich sah die reine spirituelle Substanz wie ein Licht im Zentrum der Knochen meines Körpers. Ich begann, von innen zu leuchten, und war schließlich bereit weiterzugehen.

Am Ende des zweiten Tages und am dritten Tag der Mysterien wurde die Tiernatur geopfert. Dies stellte ein Opfer bestimmter Grundinstinkte und eine Reinigung der unteren Tierchakras des Überlebens dar. Tiere wurden als Repräsentationen emotionaler Aspekte von Menschen betrachtet, die in Materie eingefroren waren und sich durch ein zu starkes Anhaften an die materielle Welt verhärtet hatten. Jedes Tier symbolisierte einen anderen emotionalen Zustand. In Eleusis mußte ich mich meiner Tierseele stellen. Ich träumte von einem besonderen wilden Stier, der den Göttern geopfert wurde. Alle meine Starrköpfigkeit und mein Widerstand mußten geopfert werden, um eine größere Leere sowie eine größere Stärke zurückzulassen. In Knossos auf Kreta, am Hof des Königs Minotaurus, führten Frauen und Männer auf dem Rükken von Stieren akrobatische Kunststücke vor.

Den Größeren Mysterien (Eleusinia) gingen im Frühjahr die Kleineren Mysterien (Antheria) voraus. Während der Kleineren Mysterien mußte ich meine Sinne vollständig verschließen. Ich wurde in das Wasser des Flusses Ilissus getaucht, bis mein Atem vollkommen anhielt. Ich konnte meinen ganzen ätherischen Körper und seine Erinnerungen klarer sehen, während mein Gehirn keinen Sauerstoff mehr erhielt. Wie ein Nahtoderlebnis zwang mich diese Erfahrung, meine ätherischen und astralen Körper von meinem physischen Körper zu lösen, der sich buchstäblich lockerte und von mir abglitt, wie man einen Mantel ablegt. In dem Moment der Stille vor dem völligen Tod durch Ertrinken, wurde ich darauf vorbereitet, zu sehen und mein gesamtes Leben zu rekapitulieren. Ich war in mehr als einer Dimension Zeuge von Ereignissen, die wie auf einer Kinoleinwand abgespielt wurden, und fühlte meine Handlungen und die Reaktionen von anderen auf die emotionalen Ereignisse in meinem Leben. Ich verließ meinen Körper und hielt mich nur noch an einer Schnur fest, während ich in den Himmel schwebte und auf die Ereignisse in meinem Leben wie ein Adler herabsah. Diese Bilder zeigten Dinge mit anderen Menschen in diesem Leben, die unvollständig geblieben waren, und die Geschichte meiner Seele vor dieser Inkarnation. In genau dem Moment vor dem eigentlichen Tod durch Ertrinken wurde ich aus dem Wasser gerissen und mit einem starken Schlag in meinen Nacken ins Leben zurückgeholt, der dazu diente, den ätherischen Körper wieder an seinen Platz zu zwingen. Die Adepten wurden dazu ausgebildet, den genauen Moment hellsichtig zu erkennen, in dem sie die Körper zurückbringen mußten. Meine Seele war von der Rückschau auf ihr Leben zurückgekehrt und bereit, über die Selbsttäuschung hinaus eine wahre Einweihung zu erhalten. Ich erhielt aus dieser Erfahrung sehr viel Liebe, Verzeihen und Wärme und fühlte mich von einem großen Licht beschützt.

Der vierte Tag war dem Gott Äskulap gewidmet, dem Sohn des Apollo und dem Heiler, der von Chiron in seiner Höhle unterrichtet wurde. Äskulap half dabei, die früheren Inkarnationen der Seele durch eine Art kosmische Rückschau zu heilen, die Millionen von Jahren zurückreichte. Die Ahnenerinnerung wurde erweckt oder von der Seele emporgerufen. Dies war der Zeitpunkt, Flüche aufzuheben und anhaftende Geistwesen freizusetzen. Die Eingeweihten an meiner Seite lernten kosmische Geschichte und ihre persönliche Beziehung bezüglich ihrer Entwicklung als Seele. An diesem Abend wurden wir nach Hause geschickt, um über das, was wir gelernt hatten, nachzudenken. In meinen Träumen wurde meine

Zirbeldrüse aktiviert und erzeugte lebhafte Bilder anderer Zyklen in der Geschichte. Außer einer Art ätherischen Innenschau sah ich eine exoterische Rückschau auf Atlantis, Lemurien und zwei frühere Zivilisationen und dann die Schöpfung der Welt. Ich erinnere mich genau daran, daß ich mit Tieren und der Natur sprach, und wurde zu einer Reihe von Tieren und Bäumen. Ich wußte, daß die Tiere in der fernen Vergangenheit zu den Menschen sprechen konnten und unsere Lehrer waren.

Am fünften Tag oder *pompe*, was Abreise bedeutet, befand ich mich in einer mit Myrthenblättern gekrönten Gruppe, die nach einem 14 Meilen langen Weg durch ein doppeltes Tor geführt wurde. Dieses Tor wurde »Dipylon« genannt. Eine Seite war für den Niederen Wächter des Todes und die andere Seite für den Höheren Wächter oder das Höhere Selbst bestimmt. Angeführt von einem Esel, gingen wir von Nordwesten durch das Tor, nachdem wir an Hügeln, dem heiligen Feigenbaum, einem Schrein für Aphrodite, einer Statue des Iacchus und einer engen Brükke vorbeigekommen waren. Ein safranfarbenes Band wurde um meine rechte Hand und mein linkes Bein gebunden, als ich das Tor des Todes mit Hunderten von anderen Seelen durchschritt. Die Brücke war ein symbolischer Übergang von der bekannten materiellen Welt in das unbekannte Heiligtum.

Beschimpfungen und Verhöhnungen begleiteten uns bei dem Überqueren der Brücke: An diesem Punkt war es wichtig, sich dem Ego zu stellen. Obszönitäten und Anschuldigungen wurden mir und den anderen Eingeweihten entgegengeschleudert, was kaum dem Verhalten entspricht, das man von einem Publikum Gleichgesinnter erwarten würde. Dies sorgte dafür, daß jeder von uns bescheiden blieb, und sollte uns quälen, damit wir uns unseren eigenen Unsicherheiten stellten (die mich die meiste

Zeit meines Lebens durch Selbstverleugnung oder aufgeblähte Gefühle der Überheblichkeit sabotiert haben. Ich mußte mein wichtigtuerisches Bild zerschlagen, um das Göttliche zu erfahren). Ich ertrug das Kreuzfeuer der Beleidigungen in Eleusis und trat in das *temenos*, das Heiligtum von Demeter und Persephone, ein. Dies war eine große Ehre.

Am sechsten Tag wurde das Fasten gebrochen, und die heiligen Kelche, die als »Kernoe« - ähnlich dem Heiligen Gral - bezeichnet wurden, wurden in die »Hochzeitskammer« gebracht. Als ein Eingeweihter identifizierte ich Willen, Intellekt und Gefühle. Der Intellekt oder der mentale Teil von mir war dabei, zu erwachen, der emotionale oder astrale Körper schlief und mußte mit luzidem Träumen beginnen. Ich hatte meinen Willen nicht ausreichend eingesetzt und mußte ihn nun beschäftigen. Diese drei Teile der Psyche wurden ständig auf die Probe gestellt und untersucht und immer klar voneinander unterschieden.

Das Ego wurde als physischer Torhüter dargestellt, ein Mann mit einer Maske, der spottete, tadelte und das Karma ausagierte, das sich während meines Lebens auf der Erde manifestierte. Er stand wie ein Spiegel vor mir. Durch Trance sah ich tatsächlich meine Selbstsucht, Skrupellosigkeit und mein niederes Astralselbst in einem Saal voller Spiegel und Projektionen. Jeder Teil meines Schattens manifestierte sich vor meinen Augen. Ich kämpfte mit meinem eigenen Bild und legte meine Kleider ab. Ich wollte weglaufen oder mich verstecken, aber der Torhüter sah mir in die Augen und führte mich durch ein tiefes Gefühl von Kindheitsängsten. Es waren irrationale Ängste. Der Torhüter bedeckte dann meinen Kopf und legte mich zum Sterben auf den Boden. Dies war ein ritueller Tod des alten Selbst, aber ich spürte, daß ich meinen Körper verließ. Ich mußte in diesem Moment Dawn Eagle

Woman loslassen. Sie war bis zu diesem Zeitpunkt meine Lehrerin gewesen, und nun mußten sie und ich uns voneinander trennen. Sie hatte mich bemuttert und mein spirituelles Wachstum geleitet, aber nun brauchte ich sie nicht länger, und sie konnte in der Tat meinem zukünftigen Wachstum schaden. Ich erkannte, daß ich mich untergraben fühlen würde, wenn wir unsere Beziehung fortsetzen würden, weil ich gelernt hatte, was ich von ihr lernen mußte. Ich wollte jetzt nur noch ihre Anerkennung, und auf meiner spirituellen Suche nach der Erkenntnis von Gott mußte ich aufhören, außerhalb von mir selbst nach Zustimmung zu suchen. Schließlich schnitt der Torhüter mit einem rituellen Messer alle Reste meines niederen Astralkörpers ab. Ich opferte meine Leidenschaften und ungesunden Miasmen im Unbewußten. Ich wurde von meiner alten Verbindung zu Dawn Eagle Woman abgeschnitten und hatte mit ihr über eine lange Zeit keinen Kontakt mehr. Ich fühlte mich beträchtlich leichter und gelassener.

Der Torhüter hatte gesehen, daß mein niederer Astralleib durch eine Schnur zu meinem Nabel mit mir verbunden war, und hatte diese Schnur präzise durchgeschnitten. Alle emotionalen Schnüre zu meinen Lehrern in der Vergangenheit mußten zerschnitten und alle Schnüre zu meiner Familie, meinen Freunden und Liebhabern abgetrennt werden, als wenn ich nicht länger ein Kind wäre, das eine Nabelschnur benötigt, um in der Welt überleben zu können. Ich fühlte mich fei, während die Schnüre eine nach der anderen gelöst wurden und helle Farben die Löcher glätteten und heilten, die von ihnen hinterlassen wurden. Ich befand mich in einer Art psychischen Operation, bei der heilende Fäden alte Wunden, Anhaftungen und Abhängigkeiten verschlossen, denen ich schließlich entwachsen war.

An diesem Punkt durfte Demeter oder Sophia als die Große Mutter eintreten. Nachdem mein niederer Astralleib abgeschnitten und entsprechend entsorgt worden war, konnte ich ihr Gesicht wahrnehmen. Das Abschneiden war ein Schock, da das rituelle Messer die Verbindung zu den vergangenen emotionalen Illusionen des menschlichen Lebens zerstörte. Nur die höheren Emotionen der wahren Liebe blieben zurück. Meine Sinne waren verschlossen, um dieses Loslassen nicht zu stören. Die Große Mutter stand vor mir, und ich war nicht mehr erschrokken über das Abschneiden und hatte auch keine Angst mehr vor dem nächsten Schritt.

Wie jeder Eingeweihte mußte ich Persephone darum bitten, in meinen Körper einzutreten. Sie lebte in der Materie als Sophia, die Große Mutter und Schöpferin des elementaren Lebens, die Luft, Wasser, Feuer und Erde sowie die ätherischen Trennungszustände, die »Pleroma«, aus der ersten Welt jenseits von Zeit und Raum erschuf. Sie war aus einer verherrlichten Welt gestürzt, weil sie den Wunsch hatte, ihre Leidenschaft zu leben, wieder zu lernen und ihre Weisheit auf leidenschaftliche Weise weiterzugeben. Sie wurde wegen ihres Bedürfnisses, sich richtig und falsch bewußt zu sein, Erfüllung zu finden und uns einzuflößen, *maya* oder Ignoranz genannt. Sie wurde zum Mädchen Persephone oder zur Jungfrau Sophia, dem Logos der Weisheit, unserem Wunsch danach, das Heilige im Alltäglichen und das Göttliche in der materiellen Welt zu sehen. Um sie in Eleusis zu erfahren, mußte ich die niedere Sophia mit ihren Grundleidenschaften der Ignoranz, Habgier, Ungeduld, Zerstörung und Wut ausmerzen und sie als Ganzes wahrnehmen, das sowohl Licht als auch Dunkelheit im Gleichgewicht umfaßt. Ich mußte ihre Unschuld, die leidenschaftliche, freie und klare weibliche Seele wiederherstellen. Sie war unsere kollektive Seele, die in der Materie gefangen war, die das Göttliche von dort erfahren wollte, von wo es herkam.

Die Mystae brachten Sophia wie Persephone von den Eingeweiden der Erde, aus ihrem Exil in dichter Materie an das Licht des Bewußtseins. Ich ließ mich von Sophia einweihen und vor den Höheren Wächter führen. Dort ließ ich alle Konzepte, Ideen, Gefühle über andere Welten los. Ich legte alle Erwartungen ab. Ich fühlte mich in einer höheren Wahrnehmung realisiert und vollkommen leer. Mein Verstand drang in die Geheimnisse der Natur ein, Maispflanzen wurden mit Samen in meine Hände gelegt, und die Bilder reinen Lichts formten sich vor mir. Ich begann, Gott durch die Sprache von Zahl, Proportion und Geometrie zu erfahren. Ich war Zeuge der Schöpfung der Welt. Ich sah, wie sich die platonischen Körper, die Tetraeder des Feuers über und unter mir bildeten und sich im Mittelpunkt meines Herzens drehten und schnitten. Ich konnte die *vesica piscis* und eine Reihe von Kreisen sehen, die sich in bestimmten elementaren Mustern anordneten, die Bausteine des Lebens, die wie eine riesige Lotusblüte aussahen. Durch die Geometrie spürte ich eine Lichtwellenlänge auf mich zukommen und durch meine Zellen strömen. Mit dieser Wellenlänge war ich in der Lage, perfekte Gesundheit herzustellen und Krankheitsprozesse umzukehren. Krankheit ist ein Weg, auf der Erde zu lernen, bestimmte Lektionen zu erhalten und durch Leiden und Heilung zu wachsen, aber in der Zukunft wird sie keine wichtige Form des Lernens mehr sein. Die Wissenschaft von den Wellenlängen und, in geringerem Maß, die Frequenz des Schalls werden die Schlüssel dazu sein, Krankheiten beenden zu können. Mein Eindruck war, daß Krankheit aufhören muß, damit wir mehr Zeit für spirituelle Entwicklung haben.

Als nächstes gaben wir Demeter oder Sophia die Erlaubnis, für uns in den Torweg einzutreten. Sie war unser Stellvertreter. Ich sah mich einem großen Torweg gegenüberstehen und winkte ihr, vor mir hindurchzugehen. Sie leuchtete, und ich verbeugte mich vor ihrer Gegenwart und ihrem Mysterium. Sie war eingeweiht und kehrte zu ihrer ursprünglichen Position als die Heiligkeit oder die Göttin des Geists zurück. Das war der Moment der Hingabe. Ich sah ein unglaubliches Licht in ihr, ein Strahlen, das lähmend war. Ich sah sie als Demeter und Persephone, aber ich wußte, daß sie die Schwarze Isis, Mutter Maria und die Göttin Kali in Indien war. Ich sah, daß alle diese Frauen Göttinnen und alle Göttinnen eins sind. Ich erlebte, wie Persephone wie eine Epileptikerin von Krämpfen geschüttelt wurde. Sie mußte lernen, ihre Zirbeldrüse zu öffnen. Wir riefen dieses Mysterium für sie ins Leben: Sie würde die Freiheit haben, sich mit dem Licht von Frühling und Sommer zu verbinden und die alltägliche Welt mit Weisheit, Wahrheit und Schönheit zu erleuchten. Durch uns und unsere Ehrerbietung wurde sie transparent.

Als nächstes kam ihre heilige Hochzeit mit dem Gesalbten. Ihr Gemahl war der Christus in Form von Dionysos. Ich wußte, daß er der Sonnenkönig Ram in Indien und Osiris in Ägypten war. Er war der, der als eine vollkommen realisierte Verkörperung des Logos sein Blut vergießen würde. Er war die zu vollem Potential im Fleisch erweckten Götter. Er liebte und vergewaltigte Sophia in einer Zeremonie der heiligen Ehe. Wir alle waren Zeugen dieser Ereignisse und fühlten die Kundalini-Schlange an unseren Wirbelsäulen aufsteigen, während die Luft durch die Vollziehung ihrer Ehe von Spannung erfüllt war. Ich spürte, wie meine eigenen Instinkte und mein höherer Verstand in sexueller Vereinigung verschmolzen.

Ich konnte fühlen, wie sich die Götter und die Menschen vereinigten, um einen Sohn und eine Tochter als Vorfahren der Menschheit zu gebären.

In einer Art Sakrament trank ich mit allen Eingeweihten mit Gerste und Minze vermischtes Wasser, das außerdem eine pflanzliche Substanz enthielt, die uns dabei half, eine klare, kognitive Sicht der Vorgänge zu haben. Wir fühlten uns in einem erhabenen Zustand außerhalb der Zeit wacher und sahen alles von einer erhöhten Perspektive, die der eines Adlers ähnlich war. Wir gingen in langen Prozessionen mit präzisen Schritten, beobachteten unseren Atem und traten in andere Dimensionen und Erfahrungen von Menschen und Orten ein, die sich nicht physisch im Raum befanden.

Zum Abschluß der Zeremonien erhielten fortgeschrittene Schüler, die bereits frühere Besuche in Eleusis absolviert hatten, weitere Anweisungen. Weiterführende Belehrungen über die andere Seite des Schleiers wurden mit bewußter Anerkennung anderer Welten gegeben. Ich trat in eine neue Welt sich verwebender Bilder ein. Ich kann es nicht anders erklären – meine Sicht wurde derart verändert, daß ich gleichzeitig viele Dimensionen wahrnehmen konnte. Die Mysterien gingen in meinen physischen Körper ein und erwachten im späten zwanzigsten Jahrhundert erneut in mir. Die Lehren und die machtvolle gekrönte Kraft der Wahrheit bereiteten mich auf diese Transformation von Materie in Geist und Gefühl vor.

Eleusis ist eine Einführung, die es erleichtert, dem Niederen Wächter und dem Höheren Wächter in der westlichen Mysterientradition gegenüberzutreten. Es ist eine Zeit für uns alle, in der wir wieder bewußt in unseren gegenwärtigen Körpern und während wir am Leben sind, an diesen Mysterien teilnehmen.

Themistius von Paphlagonia gibt uns einen Einblick in

den Prozeß: »Die [sterbende] Seele hat die gleiche Erfahrung wie jene, die in die größeren Mysterien eingeweiht werden... zuerst wandert man und hastet ermüdet hin und her und reist als Uneingeweihter mit Mißtrauen durch die Dunkelheit; dann kommen all die Schrecken, das Zittern, Schwitzen und Staunen. Dann wird man von einem wunderbaren Licht getroffen und in reine Regionen und Wiesen aufgenommen, mit Stimmen und Tänzen und Erhabenheit heiliger Klänge und Formen: Unter diesen wandert der, der die Einweihung durchlaufen hat, frei und erlöst und trägt seine Krone, während er an der göttlichen Kommunion teilnimmt, und verkehrt mit reinen und heiligen Männern [und Frauen]....«[1]

Kapitel 15

Die Wächter und der Torweg

Um einer ganzen Kultur zu Beginn des einundzwanzigsten Jahrhunderts schamanische Geburtshilfe zu leisten, müssen wir zuerst erkennen, daß wir in das Zeitalter von Sophia, einer neuen Form der stutenköpfigen Demeter, in zeitgemäße eleusinische Mysterien und in eine Zeit der Göttin eintreten sowie eine neue Partnerschaft mit ihr eingehen müssen. Das weibliche Verständnis von Gott und unseren Ursprüngen in dem Wasser von *mare*[*], *mater*[**], Mutter und unsere Wiedergeburt zum Land und zum Wald sind die zukünftige Weiterentwicklung der Einweihung in das Göttliche.

Wir alle müssen in eine purpurrote, »weindunkle« See eintauchen, um endlich die Wasser des Lebens zu finden und auf dem Land zwischen den beiden Bäumen durch das Tor zum inneren Reich des Gleichgewichts zu gehen. Sophia ist unsere erste Führerin zu den Stimmen des Waldes der Wandlung. In Einweihungsschulen wurde Sophia *Achamod* oder Niedere Sophia genannt. Sie ist die elementare Welt von Luft, Feuer, Erde und Wasser. Sie ist emotional und in ihrem Exil vom Pleroma ein wenig umwölkt. Sie stellt unsere Leidenschaften für die materielle Welt dar. Ich liebe sie sehr und sehe sie in mir. Sie ist mein emotionaler, mein astraler Körper, und sie ist der Alte Mond in mir. Sie wollte, daß ich mich einer alchemistischen Reinigung unterzog.

* A. d. Ü.: lat. Meer
** A. d. Ü.: lat. Mutter

Die erste Stufe dieser Reinigung begann mit Meditation, Konzentration, Loslassen alter Emotionen und kathartischer Arbeit mit einem klaren Verständnis des Chakra-Systems in unserem Körper und mit einem ständigen Reinigen der Wahrnehmung. Sie wollte, daß ich eine ätherische Imagination entwickelte und mir vorstellte, wie ich die materielle Welt durch direkte Wahrnehmung der Realität neu erschuf. Um das Ätherische zu öffnen, mußte ich mich auf die Spannen zwischen den Atemzügen und auf den Raum zwischen meinen Gelenken konzentrieren und über das Unbewohnte und die große Leere meditieren.

Sophia ist Weisheit, und in ihrem jungfräulichen Aspekt konnte sie mich auf die Reinigung meines astralen, emotionalen Körpers vorbereiten. Unseren eigenen Charakter zu heilen und zu verstehen hilft uns dabei, Weisheit zu erlangen. Zusätzlich zu der Arbeit in der Welt ist eine Menge an innerer Arbeit erforderlich, um ein wenig kultivierte Weisheit zu erlangen. Je mehr wir wirklich an uns selbst und dem Schatten arbeiten, um so klarer und präziser wird diese Weisheit.

Die innere Psyche muß allmählich gemeistert werden, weil die niedere Natur von der höheren Natur getrennt werden wird. Dies ist eine gefährliche Zeit, der sich die meisten psychisch Begabten, Medien und Ratgeber stellen müssen. Ihre eigene Natur wird zügellos, weil Denken, Fühlen, Willen, Intuition und Empfinden alle unabhängige Wesen mit eigenem Willen sind. Wenn sie nicht ausreichend diszipliniert sind, können sie in viele verschiedene Richtungen laufen. Dies kann zu seltsamen Charakterzügen und negativem Verhalten führen. Viele Leute, einschließlich meiner selbst, waren in diesem Stadium ziemlich unerträglich! Das Schlimmste in uns bricht plötzlich aus. Wir laufen Amok. Wir haben großartige

Phantasien und wilde Bilder, die gleichzeitig zu Überheblichkeit und Zusammenziehen führen. Wir sind allein, und unser Innenleben befindet sich in Aufruhr!

An diesem Punkt müssen wir unsere Imagination mit Wärme, Freundlichkeit, Geduld und echter Liebe füllen. Ich mußte mit der Zeit einen eisernen Willen entwickeln, um mich mir selbst zu stellen und freiwillig zu leiden. Ich mußte mir anschauen, wie das Leiden meiner Mutter durch Osmose zu meinem eigenen Leiden wurde. Als Kind hatte ich mich mit der Bedürftigkeit meiner Mutter identifiziert. Ich sah ihre Enttäuschung, und ich mußte mich von ihr trennen, um etwas in meinem eigenen Leben erreichen zu können. Dies zog mich anfänglich am Beruf des Heilers an. Ich wollte kein Leben eines Opfers führen. Die Identifikation mit den archetypischen Realitäten von Sophia, Luzifer und Ahriman führen zu sehr viel Macht. Diese Macht ist jedoch nur geborgt, nicht erworben. Dies gilt besonders dann, wenn wir versuchen, sie zu benutzen, um etwas zu kompensieren, was uns in unserer frühen Kindheit gefehlt hat. Ich mußte zu meiner Geburt zurückgehen und ein Gleichgewicht mit mir selbst finden, meine eigene Basis der Macht finden. Es braucht sehr viel Disziplin, verschiedene Läuterungen und das Reinigen der Chakras, um die Macht zu haben, aus uns selbst hellsichtig zu sehen.

Ich habe immer das Gefühl gehabt, daß mein Denken aktiv war, und ebenso meine Gefühle, nicht nur in meinen Träumen. Schließlich habe ich meinen Willen gefunden. In der Realität träumen die meisten von uns ihre Gefühle, und ihre Willenskraft fehlt. Ich wollte die Freiheit zum Handeln haben und karmisch die Konsequenzen dieser Handlungen sehen. Die meisten Menschen schlafen, und Notwendigkeit, Zwang oder Gewalt wirken als Katalysatoren zum Handeln. Wir können lernen, unsere

Gedanken willentlich zu beeinflussen und Meisterschaft über sie erhalten.

Rekapitulation, die Rückschau auf die Ereignisse in unserem Leben, kann bei diesem Prozeß hilfreich sein. Wir erkunden von unserer Geburt an alles, was wir über uns selbst entdecken können. Wir prüfen jede Beziehung, jeden Energieaustausch von der Gegenwart bis zu unserer Empfängnis. Wir erschaffen Seelenbilder mit Farben und Formen und Klängen. Daraus besteht unser ätherischer Körper in der Zeit. Wir blicken in den Spiegel, und es dauert sehr lange, auf alles zurückzuschauen, was uns präsentiert wird.

Die Bilder ändern sich ständig und durchdringen die Vergangenheit mit neuen Formen - organisch, nicht räumlicher Art oder besonders linear. Wir müssen lernen, frei zu denken. Unsere Rückschau bringt uns in das Angesicht des großen Wesens in unserer Seele. Dann müssen wir es loslassen und uns selbst von ihm befreien. An seine Stelle tritt ein neues Bewußtsein, das sehr wachsam ist.

Während der Rekapitulation sah ich Ereignisse in meinem Leben aus vielen Perspektiven. Ich mußte jede Sekunde meines Lebens von jetzt bis zurück zu meiner Geburt ansehen. Ich mußte in einem schwarzen Kasten alles erneut betrachten und alle Energien meiner Kindheit und aus jeder Beziehung in meinem Leben neu ordnen. Die Energie von jedem emotionalen Austausch kam zu mir zurück, während die Vergangenheit ausgelöscht wurde. Ich sah das alles als eine erstaunliche Sinneswahrnehmung, von der ich mich jedoch letztlich trennen mußte. Gedanken sind Elementarwesen, Schatten aus einer anderen Welt. Spirituelle Wesen sind mentale Bilder. Wir lernen schließlich, unsere eigenen Gedanken zu haben. Ich lernte, Gedanken zu verbannen, indem sich sie durch

Anstarren prüfte. Wenn das Bild sich bei intensivem Anstarren auflöst und nicht mehr wiederkommt, ist es nicht wirklich. Wenn ich darauf starre und es sich auflöst, sich dann jedoch selbst erneut erzeugt und dauerhaft ist, handelt es sich um eine Tatsache. Wenn ich die Akasha-Aufzeichnungen oder Aufzeichnungen der Seelenexistenz über viele Inkarnationen ansehe, teste ich das, was ich wahrnehme, durch Verbannen bestimmter Bilder, und diejenigen Bilder, die genau in der gleichen Form wiederkehren, sind real.

Sophia möchte die Fülle ihres Wesens erleben. Sie will, daß wir uns ihrer vollkommen bewußt sind. Wir helfen ihr, mit jeder Unterscheidung und Bewußtheit von Klarheit nach Hause zurückzukehren.

Als nächstes muß der Astralleib eine Läuterung durchmachen, um zu reinem Gefühl zu werden. Er wird von vergangenen karmischen Ansammlungen geleert und mit einem Schwert der Urteilskraft abgeschnitten. Es ist ein großer Prozeß des Loslassens. Die Jungfrau Sophia spürt nun, daß sie hervortreten und sich zeigen kann. Sie erleuchtet uns, und die Formen und das Sehen des Astralleibs werden dem ätherischen Körper gegeben. Wir erhalten ein lebendiges Gedankengewebe, das interpretiert werden kann. Wir treffen anschließend auf den Schatten, den sogenannten Wächter der Schwelle, den wahren Torhüter in uns selbst. Danach treffen wir die Geister hinter den Elementen, die Feen, Elfen, Gnome, Undinen, Sylphen und Salamander. Wir sehen ihre Beziehung zu uns und unserer eigenen Vorstellungskraft. Durch die Animation der Welt treffen wir auf eine Welt von Gedanken und Geistern wie alte Animisten. Dann können wir die dunkle Nacht der Seele durchqueren und zur Mitternachtssonne gelangen. Wir treten in die Dunkelheit ein, um die spirituelle Präsenz in der Sonne zu erleben. Wir sind in die andere Welt eingegangen. Wir beginnen, die Bewegungen der Planeten und Sterne und des inneren Raums zu beobachten.

Als ich diese Einweihung begann, mußte ich mich einem wilden Tier stellen. Der Löwe meiner Selbstbezogenheit und meines Willens war frei und tobte. Er wollte mich töten. Ich mußte sein Maul ergreifen, so wie der Wagenlenker die Zügel eines schwarzen und eines weißen Pferds packen und das Gleichgewicht halten muß. Im Tarot öffnest du das Maul des Löwen mit deinen bloßen Händen. Ich sah mich ungeheurem Schrecken ausgesetzt. Der Löwe begann, meine Chakras zu öffnen. Ich lernte, den Löwen im Innern zu kontrollieren und stark zu sein.

Nach dieser Kraftprobe kam ein anderes Tier, eines, das seinen Kopf in Workshops in den Projektionen der Teilnehmer erhebt - der Drache. Ich mußte zuerst lernen, den Drachen zu sehen und ihm in die Augen zu blicken. Wenn wir das Tier nicht sehen, können wir uns in Illusion befinden. Ich sah, wie ich in der Vergangenheit Bilder aus meiner eigenen Verdauung und meinem Bauch gechannelt hatte. Ich dachte mit meinem Bauch. Dieser Drache bestand aus Elementarwesen aus Nahrung in meinen Organen und meiner Verdauung. Ich stellte mich dem Drachen des Stolzes, des Geizes, der Wollust, der Eitelkeit, der Selbstsuche und der Versunkenheit. Die tiefsten Instinkte kamen heftig hervor und waren häßlich anzusehen. Ich bin dieser wilde, verrückte Drache, der das Bedürfnis hinter sich lassen mußte, bei seiner Suche nach Seligkeit mit allem zu verschmelzen. Ich mußte meine Angst opfern, um spirituelle Höhen erreichen zu können. Ich sah, daß meine Instinkte und meine Sexualität wollten, daß ich mich weiterentwickelte, indem ich mich meiner Negativität stellte. Als ich den Drachen akzeptierte, fühlte ich mich menschlicher. Der Übergang in der Einweihung besteht darin, den Drachen als uns selbst zu sehen. Innere Anerkennung und Akzeptanz sind die Drachentöter. Aus dem Drachen und dem Löwen und der Einweihung in den Tod tritt Sophia in Erscheinung. Sie ist unser geläuterter Astralleib. Der Astralleib war zuvor triebórientiert, leidenschaftlich und von Selbstsucht erfüllt. Ich hatte zu lange in den Träumen anderer Wesen aus einer alten lemurischen Zeit gelebt. In früheren Zeiten war ich eine Kopie ihrer spirituellen Gedanken und Gefühle gewesen, aber sie waren nur Träume, Bilder, ein fauler Ersatz. Dies hatte mit der Schöpfung zu tun; ich wurde von einem höheren Wesen beherrscht, war jedoch noch nicht unabhängig. Ich wollte nicht mehr länger ein Instrument der Götter sein. Der Erzengel Michael wollte, daß ich ein »Ich« wurde, bewußt war, und dies war der Verlauf meiner Evolution.

Als nächstes müssen wir uns dem Wächter der Schwelle nähern, den manche das Höhere Selbst nennen. Ich hatte jedoch ein Bild von Chiron, dem vollendeten Lehrer des Opfers und der Heilung. Chiron brachte mich zu einer Tür, die aus zwei Bäumen hergestellt worden war. Ich wußte instinktiv, daß dies der Wald der Wandlung war, der Eingang in die Welt der Vereinigung der Gegensätze. Die andere Welt jenseits des Schleiers ist wie fest versiegelt, gleich einer geschlossenen Tür, die den leichten Zugang für die Menschen blockiert. Die Welt dahinter ist eine subtile, prägende Welt himmlischer Wesen. Nicht jeder wäre in der Lage, der Unermeßlichkeit dieser Welt und ihrer überwältigenden Natur gegenüberzutreten. Wir fürchten diese Leere, und das Ego hält uns zurück. Wir haben Angst davor, wie vernichtend und zerstörend sie sein könnte. Hier stand ich der blinden Wut meines eigenen inneren Wesens gegenüber.

In der esoterischen Wissenschaft gibt es immer zwei Wächter, einen, der ein Niederer Wächter, und einen, der ein Höherer Wächter ist. Der Niedere Wächter bewacht die innere Tür, und für mich war das die stutenköpfige Demeter, die uralte Pferdefrau, ein machtvolles schamanisches Symbol. Der Höhere Wächter, durch Chiron symbolisiert, war der Meister des Instinkts und des Intellekts, der die äußere Tür bewacht. Er ist unser Ego in Verkleidung. Der Niedere Wächter tritt uns als unsere eigene Schwäche und Scham gegenüber. Dieser Wächter umschließt den Inhalt unserer nächtlichen Träume und ungeklärten Leidenschaften, den nicht integrierten Schatten. Alles, was wir in uns selbst abgelehnt haben, wird zu unserem Spiegel.

Als ich erkannte, daß der Niedere Wächter mein Initiator und meine eigenen Selbstprojektionen waren, fing ich ein Gespräch mit ihm an. Manchmal kann er als ein Rudel wilder Hunde oder ein großer Schatten in Erscheinung treten, aber ich erkannte, daß dies mein Ego war, die Ansammlung von Lebenszeiten voller Unbewußtheit, Nachlässigkeit und Karma. Der Wächter kam mit einem stutenköpfigen Gesicht, und ich erkannte in ihm Demeter, die mich Urteilskraft und authentisches Sein lehrte. Durch Unterscheidungsvermögen identifizierte ich meine eigenen Selbstprojektionen und die kosmischen Realitäten. Ich mußte Imagination, Intuition und Inspiration durchlaufen, um zu einer tiefen inneren Unterweisung zu gelangen.

Der Wächter half mir, mich selbst so zu sehen, wie ich wirklich bin, und die wahre Arbeit der Seele zu beginnen. Meine astralen und ätherischen Körper trennten sich von meinem physischen Körper, wurden lockerer und hatten mehr Freiheit für Autonomität. Ihre Unabhängigkeit ging meiner eigenen voraus. Ich mußte mich in meinem

Astralleib den gesamten Begierden und Leidenschaften aller meiner Leben auf der Erde stellen. Dann sah ich die Dämonen, meine eigene angesammelte astrale Energie. Ich stellte mich diesen ungelösten Teilen, um alle meine Täuschungen zu überwinden und den gesamten Inhalt meiner Psyche zu sehen. Ich traf die »Persönlichkeiten« in mir selbst. Ich sah auch, wie wenig Fortschritte ich in anderen Leben gemacht hatte. Ich fühlte mich gedemütigt und war eine Zeitlang gelähmt.

Wenn wir uns mit dem Niederen Wächter uns selbst stellen und uns wirklich ansehen können, treten wir der leuchtenden Gegenwart des Höheren Wächters oder, wie viele es nennen, des Höheren Selbst, gegenüber, das sich in Chiron, den Meisterlehrer, verwandelt. Er ist ein Lichtwesen, der wirkliches Wissen um das Selbst besitzt. Er kennt uns auf intime Weise. Er bewahrt dieses Wissen, um es zu sichern, bis wir bereit sind, uns selbst zu schützen und der Leere gegenüberzutreten, bei der wir immer noch ein »Ich« sein müssen, um nicht alles zu verlieren. Der Höhere Wächter verhindert diese frühzeitige Aufgabe. Mit dem Niederen Wächter sehen wir uns die Zeit und unsere Vergangenheit an.

Mit dem Höheren Wächter blicken wir in den Raum. Der Kosmos ist eine Expansion des »Ich«-Bewußtseins. Wir sind eine Kompression des Kosmos.

Das erste, was wir sehen, wenn wir über die Schwelle treten, sind beide Wächter. Dann sehen wir unsere Doppelgänger. Wir sehen unser neugeborenes Selbst. Der Höhere Wächter nimmt seine Maske ab und ist der strahlende Christus, zu dem wir werden. Wenn wir diesen Übergang erfolgreich hinter uns gebracht haben, sehen wir den Christus von Angesicht zu Angesicht. Er ist der Geist der Menschen, seine ideale Form. Viele Buddhisten haben an diesem Punkt Buddha gesehen, viele Yogis berichten von Shiva, aber in meinem Erleben war es Christus.

Der zweigesichtige Wächter, das Ego, ist immer das, was wir zuerst sehen. Dann entwickelt es sich zu Chiron oder dem von Christus durchdrungenen Ego, dem »Ich bin«-Selbst. Wir stehen als Sophia an der Schwelle. Wir werden zur Jungfrau. Wir treten in ein neues Land ein und erhalten einen Blick auf die übersinnliche Welt. Durch den geläuterten Astralleib sind unsere Wahrnehmungsorgane klarer. Wir sehen Sophia als Braut Christi. Wir sind frei von sinnesgebundenen Konzepten, und sie tritt aus der inneren Alchemie hervor. Sie schreitet für uns über die Schwelle. Durch eingeflößte Imagination treten wir mit der Kraft von Sophia bewußt in das Spirituelle ein. Die Entwicklung dieser höheren Wahrnehmungsorgane setzt spirituelle Energie zum Sehen frei. Unsere Gedanken erzeugen Bilder, die lebendig sind und uns zu spiritueller Freiheit und der Entwicklung des wahren freien Willens und des wachsamen Erkennens führen.

Wir beenden unsere eigene träumerische Hellsichtigkeit der Gruppenseele und treten mit offenen Augen in die aktive ätherische Welt ein. Dies stellt eine Revolution des Bewußtseins dar. Alle Mysterien werden nun einer ganzen Kultur enthüllt, die dabei ist, eine matriarchalische Offenbarung zu beginnen.

Epilog

Kolibri-Medizin und die Transformation des Mondes

Nach diesen Einweihungen sagte Chiron zu mir: »Nun, da du dich dem wilden Pferd in dir gestellt hast und ich frei bin, kann dein Leiden ein Ende nehmen und dich wie den Kolibri eine Freude erfüllen. Nachdem du der stutenköpfigen Mutter gegenübergetreten bist und mich, den inneren Lehrer, gefunden hast, kannst du dich jetzt deinem unbezähmbaren Geist, dem Kolibri, stellen. Dies sind die Symbole des Erwachens zur Erleuchtung für die Zukunft. Sie werden aus dem Wald der Wandlung geboren und stellen die Essenz der Lehren der Bäume dar.«

In der Meditation sehe ich die glatte Oberfläche des Wassers. Wenn ich einen Stein hineinwerfe, ändert sich die Oberfläche, und die Oberfläche dieser Welt verändert sich. Das Leben ist Vergänglichkeit, Nachhall, der Schatten einer anderen göttlichen Welt. Die Oberfläche dieser Welt ist illusorisch und veränderlich. Meine Arbeit besteht darin, einen Stein in das Wasser zu werfen, und dieser Stein ist die Kolibri-Medizin.

Um den Spiegel des Egos zu zerbrechen, stelle ich mir fundamentale Fragen. Wer bin ich? Was ist die Natur des Lebens? Welche Ursprünge hat wahres Menschsein? Was ist wirklich? Was begehre ich wirklich? Wie fühlt sich die Leere des Verlangens an? Kolibri-Medizin stellt alles in Frage und bringt uns mit einem liebevollen, ausgeglichenen Auge zur Freude des Kosmos. Sie hat kein System, keine Erfolgsformel und keine Religion. Es ist das Infragestellen des Geists und der Seele und des »Ich-Bewußtseins«, das dabei hilft, Liebe kennenzulernen. Was ist für ein Leben voller Fülle wichtig? Die Einfachheit, das zu tun, was wir sagen, die Einfachheit zu unterscheiden, was ehrlich ist. Selbstprüfung durch eine Gruppe von Gleichgesinnten, keine Jasager, hält uns wißbegierig und ehrlich. Persönliche Selbstprüfung macht uns weniger anfällig für Gewalt und Unehrlichkeit und ermöglicht uns, frei zu sein. Kolibri-Medizin erlaubt einer Person oder einer Gruppe, das Selbst ohne Narzißmus oder Nihilismus und daher ohne Urteil zu erkunden. Wir können uns selbst sehen, wie wir sind, dieses Selbst lieben und akzeptieren und allmählich die Lieben in einem anderen Menschen annehmen.

Kolibri-Medizin bereitet einen Menschen auf Tod und Unsterblichkeit vor. Nichts stirbt, es ist auf immer frei und universell. Energie wird niemals zerstört. Der Geist eines Baumes lebt in der Eichel. Der Geist eines Menschen ist die Eichel der Seele, die unzerstörbar ist, während sie Zeuge des Geheimnisses aller Dinge ist. Der Heilige Geist kann nicht vernichtet werden, und ebenso kann die Realität nicht zerstört werden. Ein Kolibri trinkt Nektar aus einer Blüte. Das Wort Nektar kommt vom griechischen *nekros* und bedeutet Tod. Der Kolibri trinkt das Elixier des Todes, um Wiederauferstehung zu erschaffen. Wir alle müssen sterben und durch die Einweihung an der Tür des Todes gehen, während wir noch lebendig sind, um dem Astralleib und dem Niederen Wächter der Schwelle gegenüberzutreten. Chiron ist der Initiator an der Tür des Todes, weil er seine eigene Unsterblichkeit geopfert hat, um den Geist des Prometheus in uns allen zu befreien.

Der Kolibri folgt den Mondzyklen, insbesondere dem Einfluß des abnehmenden Monds, um den Nektar zu destillieren, der unsere Gehirne anregt, Neurosekrete des vollkommenen Erwachens zu produzieren. Durch das Trinken des Todeselixiers extrahiert der Kolibri das alte Elixier der Unsterblichkeit.

Der Kolibri erreicht sein Zeit und hat eine Bedeutung bezüglich des Erwachens der Menschheit zu der anderen Welt. Kolibri-Medizin unterstützt keine Systeme und Kosmologien und ist einer näheren Untersuchung wert. Sie ist die Freude neuer ätherischer und Lichtkörpererfahrungen durch Untersuchung und Geschichte, Wort, Klang und Bewußtsein.

Ich weiß, daß tatsächliche Kolibris in früheren Leben Menschen gewesen sein können. Sie könnten Krieger gewesen sein, die auf das Materielle fixiert waren und jetzt die wahre Seligkeit gefunden haben, bevor sie wieder als Menschen inkarnieren. Der Kolibri hat im Verhältnis zu seiner Körpergröße von allen Tieren das größte Herz, und er ist der einzige Vogel, der rückwärts fliegen kann. Er scheint in der Luft zu schweben, während er seinen hinreißenden Nektar trinkt.

Ich fixierte mein Herz auf einen Punkt, und der Kolibri in meinem inneren Krieger öffnete jenes Herz. Möge dein Herz sich öffnen und dir nichts unmöglich erscheinen. Es gibt eine Zeit, Bücher zu lesen, sich von neuen Einsichten und Geschichten der Seele herausfordern zu lassen, und es gibt eine Zeit, die Bücher zur Seite zu legen. Leben bedeutet, den richtigen Zeitpunkt zu wählen oder Zeitpunkte zu synchronisieren. Möge im richtigen Moment, wenn du dich darauf vorbereitet hast, das Elixier zu erhalten, ein Kolibri durch ein Fenster oder eine Tür in dein Zuhause kommen, und mögest du durch den Schleier in eine andere Welt sich verwebender Bilder eintreten wollen.

Der Kolibri unterbricht vielleicht deine Arbeit, deine Malerei oder deine Mahlzeit und kündigt sich selbst wie ein Wächter der Schwelle an. Ein Kolibri kann gegen deine Fensterscheibe fliegen und braucht dich vielleicht, damit du ihn in seiner Betäubung hältst. Der Vogel ruht sich vielleicht auf deinen Händen aus und teilt seine Lebensenergie mit dir. Dies ist der Anfang des Rufs nach Erwachen, wenn der Kolibri das Zuhause deines Herzens öffnet und es kein Zurück mehr gibt.

Der Kolibri ist eine materielle Verkörperung der Emotion Freude, und er erweckt Freude in unseren dichten Körpern. Dieser Vogel summt wie der ätherische Körper, wie der Klang der wirbelnden ätherischen Ummantelung oder Hülle. Er erinnert uns an das, was jenseits dieser Welt in der nächsten Welt liegt, und ist daher ein Psychopomp oder Führer zum Übersinnlichen. In der Nacht fällt der Kolibri in einen todesähnlichen Zustand, den sogenannten Torpor, verschließt seine Sinne und zieht sich ein eine violette Dunkelheit zurück, um sich am Morgen selbst wieder zum Leben zu erwecken. Alle Mysterienschulen lehrten Vorbereitungen zum Sterben, zum Beispiel, wenn der Atem bei der Yoga-Praxis verlangsamt wurde. Die Wahrnehmung des inneren Körpers sitzt im Herzen, das Herz konzentriert sich auf einen Punkt, und der Körper wird langsamer, um den Nektar des Lebens zu integrieren. Wir können langsamer werden, uns selbst sammeln, herausfinden, was für uns Wert hat, und die Süße des Lebens empfangen.

Die Blume kann als der Lotus der Chakras betrachtet werden. Durch Bestäubung trägt sie die Essenz von Blumen, von Imagination, in sich, was auch wir jenseits des Schleiers erreichen können. Der Kolibri öffnet die Kanäle der Empfindsamkeit in uns, damit wir das Zeitalter der Blumen sehen, und er saugt den Nektar aus unseren eigenen Chakras. Dies sind die tieferen Einsichten und unsere eigene Ausrichtung auf einen Punkt. Dieser Nektar wird durch Aufmerksamkeit in ein Elixier verwandelt. Dies ist die Essenz der Kolibri-Medizin.

Patanjali beschreibt Kolibri-Medizin in seinen *Yoga-Sutren.* Er spricht von *dharan* - Konzentration, Absorption in dem Gegenstand der Kontemplation - wie die Beziehung des Kolibris zur Blume. In der zweiten Stufe finden wir *dhyana* oder Kontemplation und Achtsamkeit. Ich bezeichne dies als Bereitschaft des Kolibris-der-auf-dem-Ast-wartet. Der Kolibri muß seine eigenen Körpervorgänge kennen und auf sie hören, seine Umgebung wahrnehmen und dennoch bei seiner Jagd nach dem Nektar auf einen Punkt konzentriert sein. Die dritte Stufe ist *samadhi,* wenn sich der Kolibri in der Nacht zur Regeneration und vollständigen Assimilation des Elixiers freiwillig in einen todesartigen Zustand begibt. Die letzte Stufe ist *samyama* und das Erreichen von *kaivalya,* wenn das Herz des Kolibris nicht mehr länger eine Ablenkung darstellt und die Sinne zum Schweigen gebracht sind. Wenn der Kolibri physisch stirbt, wird seine Befreiung zu einem Teil von allem, und sein Bewußtsein lebt weiter und kann uns durch die in Bewußtheit und Beharrlichkeit auf dem spirituellen Pfad der Seele gefundene Freude zur Freiheit führen. Dies sind die Stufen der Unsterblichkeit.

Der alte vedische Ausdruck für die Essenz des abnehmenden Monds ist »Soma«. Das persische Wort lautet *haoma.* Das Elixier der Unsterblichkeit ist immer mit den Mondzyklen in Verbindung gebracht worden. Der Kolibri ist sich des Monds und der Tatsache bewußt, daß die Mondzyklen sowohl den Vogel als auch uns beeinflussen. Indra, der König der Götter in den vedischen Hymnen, hatte Soma im Bauch und im Embryo. Wir horchen, um die Große Mutter und das Elixier, das sie anbietet, im Bauch zu finden. Indra hat Stärke im Körper und Weisheit im Kopf und Blitze in seinen Händen.

William Blake schrieb über Albion, den Riesen im Innern der Erde. Zusammen werden wir als Spezies gerade erst in ein wachsames »Ich«-Bewußtsein geboren. Wir erfahren langsam von Albions Existenz, aber wir sehen der Geburt bewußt entgegen. Die Erde ist unsere kollektive Gebärmutter, die wir durch Bilder, Klänge und Vorstellungen erschaffen. Christus und Michael helfen uns dabei, erleuchtete, bewußte Menschen aus der Inkubation zu gebären. Das ist der Zweck der Kolibri-Medizin im Zeitalter der Blumen.

Wir können den Nektar des Lebens, die Vorstellungen der Blumen, extrahieren und lernen, die Welt und unsere Mitschöpfung an ihr als Menschen auf neue bewußte Weise zu sehen. Wir leben in einer ätherischen Hülle, die sexuell und biologisch ist. Beim sexuellen Orgasmus fühlen wir uns oft Gott und den Energien jenseits des Schleiers nahe. Organisches Leben ernährt sich von dieser Energie, und unsere ätherischen Lichtkörper werden aus dieser Lebenskraft erschaffen. (Wilhelm Reich hat sie als Orgon bezeichnet. Orgon-Akkumulatoren sollen in Vakuum Wärme erzeugen können.) Der ätherische Lichtkörper ist wiederum eine Quelle der Wärme für die Menschen. Mitgefühl ist ein Prozeß des Übergangs von den astralen Leidenschaften zu echter Wärme. Energie wird in einem Kreislauf entlang der Wirbelsäule in das Gehirn und nach unten durch das Wurzel- oder Sexualchakra gezogen. Dies sind die Prinzipien des Taoismus und bestimmter tantrischer Schulen, die die Muster des zunehmenden und abnehmenden Monds widerspiegeln. Da der Kolibri mit Mondzyklen arbeitet, erzeugt er Orgon, anstatt seine Energie zu dissipieren. Die Effizienz des Kolibris richtet sich nach den Mondzyklen und stimuliert die Sekretion von Hormonen in unseren Gehirnen. Durch Achtsamkeit, Verfeinerung und Destillation können bestimmte Hormone den Körper regenerieren und bei der Erschaffung eines spirituellen Lichtkörpers helfen.

Wenn diese Energie zum Hypothalamus und zur Hypophyse aufsteigt, setzt sie ein Elixier aus den Hormonen frei, das den physischen Körper allmählich in einen spirituellen Körper verwandelt. Spiritualität ist latent und in ihrer Form vorbestimmt. Der Logos wartet im Innern der Form auf das Erwachen. Der große kosmische Albion möchte in unserem Innern erwachen und losgehen. Das Ergebnis für unsere Seelen besteht darin, durch Sophia vom Alten-Mond-Bewußtsein zum neuen Mond heimzukehren und über die Schwelle zu fliegen, um Christus und seine Braut zu treffen. Dies ist die Essenz einer neuen matriarchalischen Kultur und eine spirituelle Revolution, bei der die Seele als Kolibri die Schönheit des Lebens entdeckt.

Am Ende dieses Buches wandere ich durch den Wald der Wandlung und beende mein persönliches Leben, wie ich es begonnen habe, mit der Erinnerung, daß ich zuerst als ein Baum inkarnierte, später als Kolibri und dann symbolisch als Zentauren und schließlich als Mensch. Durch dieses Buch bin ich zurück in die Vergangenheit gegangen und als Mensch gestorben. Ich habe mich selbst als ein Zentauren wieder zum Leben erweckt, um Rückschau auf die Lektionen der paleolithischen Vergangenheit, danach als einen Kolibri, meinen Geist, und zum Schluß als einen Baum, den Ursprung des Lebens, zu halten. Ich weiß, daß wir als Menschen sterben werden, wenn der letzte Baum auf der Erde stirbt. Ich habe die Hoffnung, daß wir in den Wald der Wandlung eintreten und eine neue Kultur ins Leben rufen werden, die mit Hilfe der Bäume existiert.

Anmerkungen

Einleitung

1 Nikos Kazantzakis, *Spain*, New York 1963

Prolog

1 Roger Shattuck, *The Banquet Years*, New York 1955, 1968
2 Ibid.
3 Ibid.

Kapitel 3

1 Robert Graves, *The White Goddess*, London 1977

Kapitel 4

1 Theodore Roethke, *Collected Poems of Theodore Roethke*, New York 1975

Kapitel 5

1 *Webster's Third New International Dictionary of the English Language*, Springfield 1993

Kapitel 7

1 Khalil Gibran, in Meinrad Craighead, *The Sign of the Tree*, London 1979

Kapitel 9

1 *Maori Creation Myth*, aus Meinrad Craighead, *The Sign of the Tree*, London 1979

Kapitel 14

1 George D. Mylonas, *Eleusus and the Elausinian Mysteries*, Princeton 1972

Ebenfalls im Stb erschienen:

Foster Perry

Der Pfad des Kolibris

Mein Weg zum Schamanen

– Stationen einer Visionsreise –

ISBN 3-89767-439-4

Brian Bates

Wyrd

Der Weg eines angelsächsischen Zauberers

ISBN 3-89767-441-6

Holger Kalweit

Die Welt der Schamanen

Traumzeit und innerer Raum

ISBN 3-89767-435-1

Samuel Sagan

Tor zu inneren Welten
Übungsbuch zur Öffnung des dritten Auges

ISBN 3-89767-436-X

Mark Fisher

Das Geheimnis des inneren Reichtums Die neue Kunst des Liebens

ISBN 3-89767-440-8

Max Freedom Long

Die verborgene Lehre Jesu
Eine Huna-Interpretation der vier Evangelien

ISBN 3-89767-434-3

Kyriacos C. Markides

Feuer des Herzens

Heiler, Weise und Mystiker

ISBN 3-89767-423-8

Peter Orban

Zeit im Horoskop

Auslösungen, Solare, Transite

ISBN 3-89767-422-X

Barbara Marciniak

Die Lichtfamilie

Lehren für die kommenden Jahre bis 2012

ISBN 3-89767-425-4

Markus Schirner

Talismane und Amulette

ISBN 3-89767-438-6

Allan Kardec

Das Buch der Medien
Grundsätze der spiritistischen Lehre

ISBN 3-89767-430-0

Baird T. Spalding

Leben und Lehren der Meister im Fernen Osten
Band 4 & 5

ISBN 3-89767-437-8

Nicolaus Klein

Die Systematik des astrologischen Häusersystems
Der wunderbare Kreis

ISBN 3-89767-431-9

Peter Orban

Drehbuch Partnerschaft
Der Partner im Spiegel deines Horoskops

ISBN 3-89767-421-1

Melita Denning • Osborne Phillips

Psychischer Selbstschutz
Die Entwicklung positiver Kräfte

ISBN 3-89767-429-7